Bouchons

brasseries & restaurants Lyonnais

EDITIONS EREME

© Editions Ereme 2005
Tous droits de reproduction réservés en toutes langues pour tous pays
Achevé d'imprimer en août 2005 sur les presses de Tallers Grafics Soler, Barcelona
ISBN 2-915337-16-0

Bouchons

brasseries & restaurants Lyonnais

Photographies
Benjamin Carniaux
Frédéric Evesque

Textes
Matthieu Flory
Clémentine Forissier

EDITIONS EREME

Index des Bouchons, Brasseries et Restaurants

69001

LE CASSE-MUSEAU

Il est, murmure-t-on, l'un des plus vieux restaurants de la ville… Discrètement installé dans la rue Chavanne, le Casse-Museau figure au nombre de ces vénérables institutions lyonnaises ayant traversé la grande époque des Mères.

De celles-ci, il est question de deux figures essentiellement. Si les débuts du restaurant restent flous – le lieu a été cédé aux Hospices Civils de Lyon, toujours propriétaires, en 1748–, le Casse-Museau se fait connaître autour de 1920 grâce à Madame Dupont, plus connue sous le nom de la Mère Pompon. Canards à l'orange, poulets à la crème et filets de soles à la sauce Nantua régalent alors les habitués des lieux. Après vingt-huit ans de bons et loyaux services, la Mère cède sa place, dans les années 50, à une jeune ardéchoise du nom de Marie-Louise Auteli qui se rebaptise judicieusement Tante Paulette.

maison
fondée
en 1947
❦
par
Tante
Paulette

Philippe Faure-Brac

Le Rhône

Bistrot

CASSE - MUSEAU

Suze

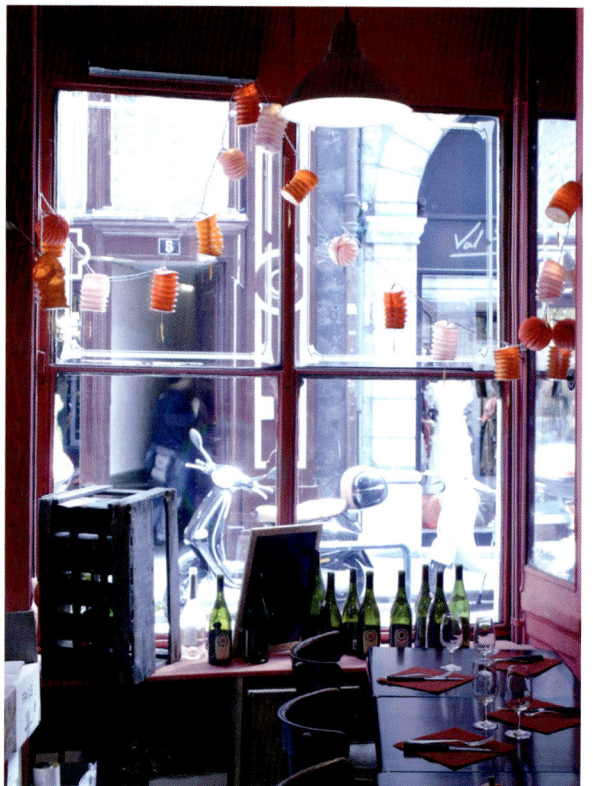

Poulets à l'ail, rognons de veau et autres spécialités lyonnaises sont dès lors servis à profusion dans le bouchon, pour le plus grand plaisir d'Edouard Herriot, un des nombreux fidèles des lieux. Difficile d'imaginer qu'un si petit établissement ait pu servir chaque année près de cent cinquante kilos de cardons à la moëlle entre le 30 décembre et le 10 janvier !

Tante Paulette a depuis rendu son tablier, après quarante-trois ans passés aux fourneaux. Mais le Casse-Museau poursuit sa route... La superbe façade du XVIᵉ siècle reste inchangée, avec son étonnant mélange de bois peints, de frises et de belles pierres. La salle du bas, rafraîchie par un heureux coup de peinture, a conservé ses boiseries, son sol, ses aquarelles et ses vieilles affiches, tandis qu'un nouvel espace a été aménagé à l'étage.

Quant au poulet à l'ail, il se déguste toujours, accompagné de savoureux Vosne-Romanée ou de Gevrey-Chambertin !

Le Casse-Museau
2, rue Chavanne
04 72 00 20 52

POULET A L'AIL
pour 4 personnes

Ingrédients

1 poulet fermier prêt à cuire de 1,2 à 1,5 kg
Une quarantaine de gousses d'ail (en chemise)
Herbes de Provence
1 verre à liqueur de cognac
2 cuillères à soupe d'huile d'olive

Progression

Dans une cocotte allant au four, faire revenir, dans l'huile d'olive, le poulet sur toutes ses faces.
Quand il est bien doré, lui mettre dans le ventre une dizaine de gousses d'ail et une cuillère à café d'herbes de Provence.
Remettre le poulet dans la cocotte, verser le verre de cognac et faire flamber.
Etouffer la flamme au bout de 10 secondes avec le couvercle.
Ouvrir la cocotte, saler, poivrer et ajouter uniformément autour du poulet le reste des gousses d'ail.
Couvrir de nouveau et mettre, pendant une heure, dans le four chaud à 180°
Servir avec des petites pommes de terre sautées aux herbes de Provence.

CHEZ GEORGES

Tenancier de ce sympathique bouchon de la rue du Garret depuis le début des années 60 – il succède aux deux sœurs, premières propriétaires des lieux dans les années 30 –, Georges Drebet devient rapidement l'un des personnages incontournables du quartier. L'histoire raconte même que le célèbre bistrotier aurait failli donner son nom à la rue. De Charles Exbrayat à Frédéric Dard, les plus grands amateurs de la gastronomie lyonnaise deviennent des habitués de ce minuscule restaurant où l'on se sent comme chez soi, heureux de venir s'encanailler entre amis autour des plats les plus typiques de la cuisine lyonnaise.

« A Lyon le café crème commence au jambonneau » se plaisent à dire les connaisseurs des coutumes lyonnaises. Soucieux de maintenir et d'encourager la tradition des Mâchons, « une messe matinale, gourmande et bachique des vrais Gones » comme l'écrivait le célèbre gastronome Henry Clos Jouve, la confrérie des Francs-Mâchons se constitue en 1964 et inaugure sa première séance chez Georges, en témoigne une plaque encore visible sur la devanture.

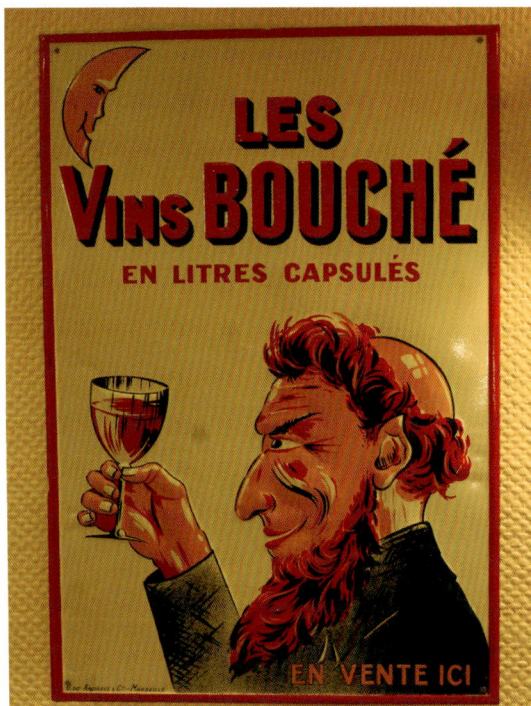

Après avoir fait leurs classes chez les bouchonniers de la rue Tupin, Michel et France Deschamps reprennent, en 1989, les rênes de l'endroit. De la façade en bois clair et sans fioritures au mobilier d'une grande simplicité – tables et chaises de bistrot en bois brut – en passant par le bar en étain, le simple et authentique décor du bistrot est intact. Ici une vieille photo, là un bibelot, ailleurs une ancienne malle probablement oubliée un jour par un voyageur parti ivre de bonheur, il règne dans ces lieux où Madame cuisine et Monsieur est en salle une ambiance chaleureuse et conviviale.

Chez Georges
8, rue du Garet
04 78 28 30 46

TABLIER DE SAPEUR
pour 4 personnes

Ingrédients

1 kg de « Bonnet » (panse de bœuf)
50 cl de vin blanc, Mâcon ou Pouilly-Fuissé
Herbes de provence
4 cuillères à soupe de moutarde
Sel, poivre
Chapelure
6 œufs
4 cornichons
1 pot de câpres
Huile d'olive
1/4 de botte de ciboulette
1/4 de botte de persil

Progression

Découper des morceaux de 250 g, les faire mariner une jour-
née dans le vin blanc, 3 cuillères à soupe de moutarde, les
herbes, de l'eau, du sel et du poivre.
Le lendemain, passer les morceaux dans 3 œufs battus au
préalable puis les paner à la chapelure, en retirant bien le
surplus pour éviter de déssécher le tablier.
Préparer une sauce gribiche en montant en mayonnaise trois
jaunes d'œufs durs hachés, 1 cuillère de moutarde, de l'huile
(ajoutée par filets), puis les câpres, les cornichons hachés, la
ciboulette, le persil et les blancs d'œufs hachés.
Saisir les tabliers dans de l'huile chaude afin que ceux-ci
soient grillés mais moelleux à cœur.
Servir chaud arrosé de sauce gribiche et accompagné de
pommes de terre vapeur persillées.

LES DEMOISELLES DE ROCHEFORT

Jacques Demy se serait certainement ému de ce sympathique clin d'œil à ses sœurs jumelles favorites. Si le souvenir des demoiselles hante aujourd'hui encore les lieux, c'est avant tout leur bonne humeur qui anime cet agréable restaurant installé en bordure de la Croix Rousse.

A la fin du XIXe siècle, un immeuble discret voit le jour dans l'ancien quartier des métiers à tisser. Modestes habitations d'ouvriers et petits corps de métiers – tisserands ou autres – s'y sont probablement succédés avant que l'industrie ne périclite progressivement.

Le quartier, en grande partie classé grâce à un travail de sauvegarde sans relâche de la ville, s'est vu progressivement renaître ces vingt dernières années. Le petit local commercial qui occupe alors le rez-de-chausssée du 31 de la rue Renée Leynaud est racheté en 1988 par un restaurateur malicieux qui donne naissance aux Demoiselles de Rochefort. Les deux sœurs font leur apparition sur la devanture, pourtant bien différente de l'esprit du restaurant, remodelé et affiné depuis 2001 par le nouveau propriétaire.

Une douce ambiance barroco règne ainsi à l'intérieur des lieux : velours rouge sombre, imposants lustres – dont une étonnante création à base de tasses à café – sont comme un clin d'œil à une Italie opulente et fantasmagorique d'un siècle passé, tandis qu'une multitude de petits objets, bibelots, gravures, peintures ou dessins voisinant joyeusement donnent à l'ambiance un côté convivial et familier. Les commodités sont quant à elles redécorées d'un enchevêtrement rocambolesque de bondieuseries, guirlandes et loupiotes.

Il n'est pas rare, tandis que la fin du repas approche, d'entendre au milieu de ce savoureux désordre, la clientèle entonner à l'unisson « Nous sommes les sœurrrrs jumelles »…

Les Demoiselles de Rochefort
31, rue Renée Leynaud
04 72 00 07 06

ESCALOPE DE FOIE GRAS SUR TOAST DE PAIN D'EPICE DEGLACEE AU VINAIGRE BALSAMIQUE
pour 1 personne

Ingrédients

1 escalope de foie gras frais de canard d'environ 2 cm d'épaisseur par personne
1 tranche par personne de pain d'épice artisanal (ou maison c'est encore mieux)
Vinaigre balsamique
Poivre de Sechuan au moulin
Fleur de sel de Guérande
Salade de roquette

Progression

Faire préchauffer le four (150 °). Y déposer les tranches de pain d'épice jusqu'à obtenir une légère coloration.
Pendant ce temps, faire chauffer une poêle anti adhésive.
Y déposer les escalopes de foie gras frais et, à feu très vif, les saisir environ 30-45 secondes de chaque côté.
Dresser une tranche de pain d'épice par assiette, y déposer une escalope de foie gras poêlé.
Retirer de la poêle l'excédent de gras rendu par les escalopes.
Toujours à feu vif, y jeter 3 cuillères à soupe de vinaigre balsamique. Le faire réduire.
Lorsqu'il qu'il a épaissi, à l'aide d'une cuillère à soupe, napper de légers filets le foie gras sur pain d'épice.
Un tour de moulin et une pincée de fleur de sel.
Servir chaud accompagné d'une petite salade de roquette et d'un verre de Sauternes, de Chardonnay ou de Gewurztztraminer.

LE GARET

« Il est dix heures et demi, allez tout le monde au lit »
vocifère le mainate confortablement installé dans sa niche
au client tardivement attablé. La scène se passe dans les
années 60 alors que Madame Néanne, à la tête du bouchon
de la rue du Garet depuis la mort de son mari Maurice
vient d'adopter l'oiseau, devenu par ses facéties la mascotte
du bistrot. Insolence ou nostalgie ? La réflexion révèle quoi
qu'il en soit une vérité historique. Comme de nombreux
bouchons, « Chez Maurice » – l'ancien nom du bistrot –
n'ouvrait autrefois traditionnellement que de 7 heures du
matin pour le Mâchon à 7 heures du soir.

Créé en 1918, l'établissement ouvre d'abord comme épicerie puis comme porte-pot, avant d'acquérir ses lettres de
noblesse et de devenir un véritable bouchon lyonnais
quand Maurice Néanne investit les lieux en 1948. Soucieux
de faire revivre après la guerre la vraie cuisine lyonnaise, le
nouveau propriétaire est rapidement connu dans le quartier
pour être le roi du tablier de sapeur, tradition perpétuée
depuis par ses deux successeurs.

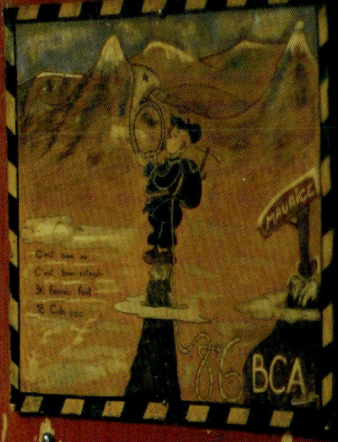

Fresques murales des années 30 – des hommes et des femmes dont on aperçoit simplement les silhouettes colorées trinquent au bon vin et à la bonne chair –, sol en mosaïque, lampes à suspension en cuivre et opalines rythment le décor de la grande salle du rez-de-chaussée inchangée depuis 1948, tandis que de nombreux portraits d'anciens ornent les murs boisés de l'endroit. Une photo et une plaque commémorative accrochée au dessus de l'As à la mémoire de Jean Moulin – la première table en rentrant à droite – accueillent le visiteur. Habitué des lieux, le résistant y a pris son dernier déjeuner avant d'être arrêté à Caluire en 1944.

Cédant à une coutume relativement répandue, le Garet était autrefois le siège de l'académie des porte-pots avant de devenir le quartier général de celle des coqs en pâtes, un club de bons vivants se réunissant tous les troisièmes jeudis des mois impairs pour passer un bon moment autour d'un repas pantagruélique.

Le Garet
7, rue Garet
04 78 28 16 94

CERVELLE DE VEAU MEUNIERE
pour 6 personnes

Ingrédients

6 cervelles de veau
1 oignon
1 carotte
1 branche de céleri
1 bouquet garni
250 g de beurre
200 g de farine
2 clous de girofle
Huile d'arachide
Citrons entiers

Progression

Faire dégorger les cervelles à l'eau fraîche.
Mettre dans un rondeau les cervelles et la garniture entière (oignon, carotte, bouquet garni…) et laisser frémir 5 mn.
Retirer du feu et laisser refroidir.
Egoutter les cervelles, séparer les deux lobes, émincer chacun dans le sens de la largeur en quatre tranches.
Saler, poivrer et fariner légèrement celles-ci.
Faire chauffer un plat en fonte type « le creuset » avec l'huile et le beurre.
Faire revenir chaque face 5 mn pour avoir une belle coloration.
Servir très chaud en ajoutant un demi-citron et une noisette de beurre au dernier moment.

LA GARGOTTE

Eugénie Brazier n'est pas encore aux fourneaux du restaurant voisin – elle fait à l'époque ses classes chez la mère Filloux rue Duquesne – quand la pâtisserie de la rue Royale voit le jour. « Tout le monde ne peut pas être de Lyon, faut ben en être d'un peu partout » dit une célèbre maxime lyonnaise peinte en lettres claires sur la devanture du petit commerce. Et pour cause ! Avec ses façades impériales et ses nombreuses traboules, le quartier fait partie intégrante de la ville de Lyon depuis peu.

Rapidement connue dans les environs, la pâtisserie acquiert une solide réputation. Heureuses de se retrouver dans ce décor – le plafond aux élégantes moulures et les miroirs cernés de cadres dorés à la feuille donnent à l'endroit de charmants airs de salle à manger bourgeoise –,

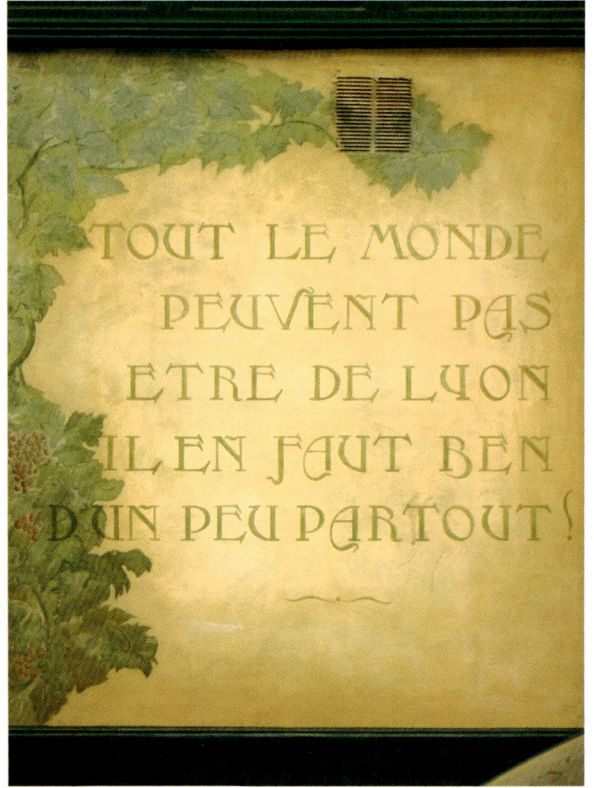

TOUT LE MONDE
PEUVENT PAS
ETRE DE LYON
IL EN FAUT BEN
D'UN PEU PARTOUT!

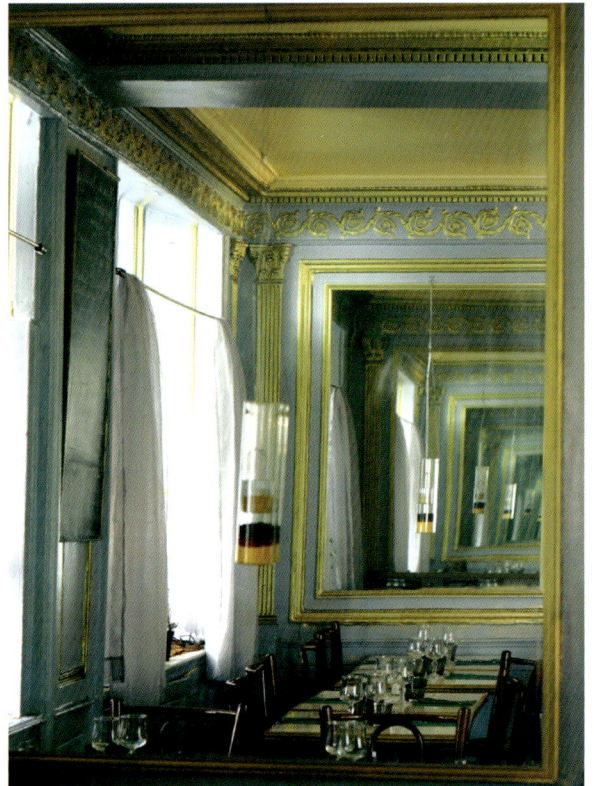

les dames du quartier papotent gentiment et laissent par-
fois échapper un gourmand regard d'envie devant les
bugnes, radisses et autres matefaims qu'elles dégusteront
bientôt. Même Eugénie Brazier y venait, dit-on, régulièrement acheter ses pâtisseries et peut-être admirer les ravis-
santes créatures dénudées à la longue chevelure, peintes à
la manière de Mucha, qui ornent aujourd'hui encore la
charmante façade de l'endroit.

Depuis peu entre les mains d'Ivan Peric, un jeune chef
croate disciple de Marc Veyrat, l'ancienne boulangerie a
acquis ses nouvelles lettres de noblesse. Seul un bar a été
ajouté dans ce lieu transformé depuis quelques années en
restaurant, tandis que le grand laboratoire de derrière où
pâtisseries et autres friandises étaient préparées est devenu
une seconde salle. Tables de bistrots et chaises en bois brut
ornent l'espace dans la plus grande simplicité, tandis que
tomates et herbes folles poussent désormais dans les
vitrines, selon les vœux du nouveau propriétaire.

La Gargotte
15, rue Royale
04 78 28 79 20

CARRE D'AGNEAU AU JUS DE FOIN
pour 4 personnes

Ingrédients

Un carré d'agneau composé de 17 côtes
2 gousses d'ail
2 poignées de foin
Herbes de Provence
10 cl de fond de veau

Progression

Sectionner le carré d'agneau en 3 ou 4.
Mettre les gousses d'ail en chemise dans la viande et sau-
poudrer d'herbes de Provence.
Préchauffer le four sur 220° environ.
Laver le foin. Le disposer sur la plaque du four, poser le
carré d'agneau par dessus.
Enfourner pendant 25 mn environ. Vérifier la cuisson.
Servir le carré sur le foin accompagné d'une sauce réalisée à
partir du fond de veau.

LEON DE LYON

« On pourrait dire sans mentir, qui vient à Lyon va chez Léon » clame l'écrivain Max André d'Azergues. De fait, ce vénérable établissement sévissant depuis plus d'un siècle dans la rue Pléney n'en finit pas de surprendre son intarissable défilé d'invités.

En 1881 déjà, une célèbre institution d'une nature bien différente occupe les numéros 1 et 3 de l'ancienne Petite rue Longue. S'il y est déjà question de nourritures, encore faut-il préciser que celles-ci, aux accents irrémédiablement charnels, se consomment davantage dans l'ambiance tamisée des alcôves et des boudoirs retirés.

Le petit caboulot se métamorphose en 1904, sous la patte de la Mère Coquit, vigoureuse lyonnaise, en une sympathique épicerie-buvette-comptoir. Et quand, en 1913, la vieille femme s'essouffle, un de ses fidèles employés, Léon Déan, lui rachète bien naturellement le fond de commerce.

Celui-ci, épaulé par son imposante compagne – ils auraient à eux deux dépassé les 250 kilos – embrasse avec joie et malice la devise suivante : « Mieux vaut boire et s'en ressentir que de ne pas boire et s'en repentir ». Il n'en faut pas plus pour faire de Chez Léon le repaire du Tout Lyon.

Ce petit monde s'y retrouve alors pour déguster, dans une franche ambiance de gouaille, la savoureuse cuisine de Georges Bocuse, jeune chef promis à de grandes destinées, arrosée de bon nombre de bouteilles de Moulin à Vent ou de Vouvray.

La disparition de Léon porte un coup dur à l'établissement qui connaît diverses fortunes avant d'être repris par Paul Lacombe, jusqu'alors tenancier d'une guinguette en bord de Rhône, en 1949. Déserté depuis de nombreuses années, le lieu retrouve rapidement sa notoriété passée. Homme de goût, celui-ci redécore les lieux avec justesse et sobriété, mais il faut attendre 1992 pour que son fils Jean-Paul, aux commandes de l'établissement depuis 1972, donne au restaurant sa physionomie actuelle : boiseries et cuirs se répandent comme une traînée de poudre, tandis qu'une impressionnante collection de tableaux et de menus sur soie d'époque envahissent les murs.

Chefs d'état de passage, invités de marque et Lyonnais férus de bonne chair s'y retrouvent aujourd'hui encore, séduits par cet étonnant mélange de saveurs, de savoir-vivre et de convivialité.

Léon de Lyon
1, rue Pléney
04 72 10 11 12

POULARDE DE BRESSE TRUFFEE ET POCHEE ENTIERE GENRE DEMI-DEUIL
LEGUMES POCHES, SAUCE SUPREME LIEE AU FOIE GRAS
pour 4 personnes

Ingrédients

1 poularde de Bresse de 1,9 kg
20 g de truffes en rondelles
30 cl de fond blanc
Sel, poivre du moulin

2 carottes
1 boule de céleri-rave
1 navet long
3 pommes de terre

25 g de foie gras frais
25 g de beurre mou
Le fond de cuisson de la volaille, réduit
20 cl de crème liquide

Progression

Introduire les lamelles de truffe entre la peau et la chair des cuisses et des suprêmes de la volaille, la brider.
Eplucher les légumes, les tourner (en forme d'olive), les faire cuire dans le fond blanc, les réserver au chaud.
Pocher la volaille 40 mn à petit frémissement dans le fond de cuisson des légumes. L'égoutter et la garder au chaud.
Préparer un beurre de foie gras : mixer le foie gras et le beurre mou. Faire réduire le fond de pochage à 20 cl, ajouter la crème et, en fouettant, le beurre gras. Rectifier l'assaison-nement. Servir la poularde découpée avec la sauce et les légumes.

LA MAISON VILLEMANZY

A quoi pouvait bien ressembler une maison bourgeoise à la fin du XIXe siècle? Fi des manuels de sociologie et d'histoire, la Maison Villemanzy offre de sympathiques éléments de réponse.

Si le restaurant occupe les lieux depuis près de 20 ans, c'est à la Rome Antique que l'on doit remonter pour savourer toute l'histoire du site. Avec sa vue imprenable, la colline vit tout d'abord s'établir un théâtre antique d'où l'on pouvait admirer la prospère Lugdunum en écoutant les grands drames classiques. Quand on retourna, en 1528, une partie des vignes environnantes, le propriétaire du sol découvrit des tables de bronze sur lesquelles avaient été gravé le discours de l'empereur Claude aux sénateurs en faveur des gaulois.

Le 25 de la Montée accueillit dans un premier temps un monastère dans lequel vivaient en bonne entente les Dames des Colinettes. Récupérée par la ville – probablement lors de la confiscation des biens du clergé –, l'institution religieuse fut transformée en école militaire, avant que celle-ci ne déménage il y a près de vingt ans, cédant la place à l'actuel locataire des lieux.

Clin d'œil aux derniers occupants, Jean-Paul Lacombe a rebaptisé son restaurant Villemanzy en hommage à un des intendants généraux de Napoléon. Boiseries, tableaux anciens, vieux miroirs et lustres Empire ont désormais investi les lieux dans une ambiance très XIXe siècle, réchauffée par de savoureux petits bibelots judicieusement chinés par le maître des lieux : ici, un paravent en cuivre doré en forme d'éventail, là, un service en argenterie légèrement passé, et, pour le plus grand bonheur des convives, une agréable terrasse avec une vue imprenable sur Lyon.

La Maison Villemanzy
25, Montée Saint-Sébastien
04 72 98 21 21

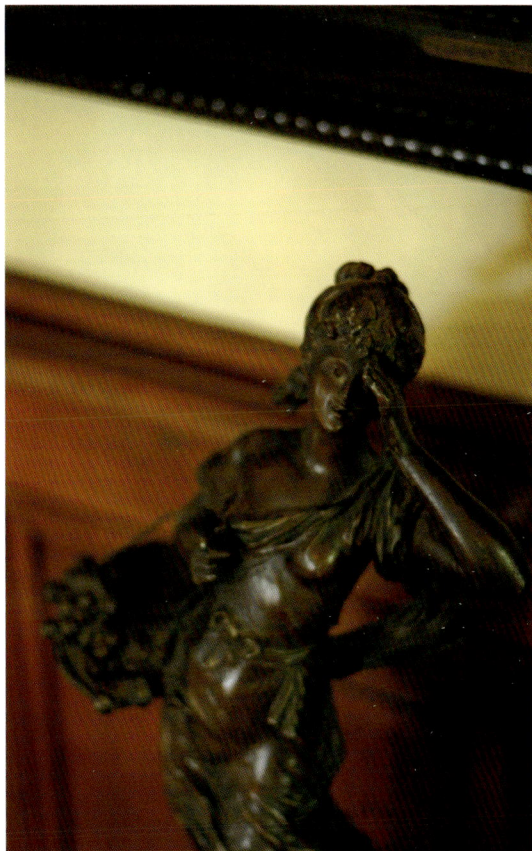

VOLAILLE DE BRESSE AU VINAIGRE DE VIN VIEUX
pour 4 personnes

Ingrédients

1 volaille de Bresse de 1,6 kg, vidée
150 g de beurre
10 cl de vinaigre de vin vieux
Sel, poivre du moulin
20 cl de fond blanc de volaille
10 cl de jus de poulet
50 cl de crème fleurette

Progression

Préchauffer le four à 100° (th. 3-4)
Découper la volaille en 4 quartiers. Faites-les colorer sur toutes les faces avec le beurre dans une sauteuse.
Saler, poivrer, déglacer avec le vinaigre puis ajouter le fond blanc.
Faire cuire 20 mn au four. Au terme de cette cuisson, désosser la volaille.
Faire réduire la cuisson pratiquement à sec, puis ajouter la crème liquide et le jus de poulet. Faire cuire jusqu'à ce que la sauce soit nappante.
Ce plat peut être servi avec en garniture une crête de coq et un gâteau de foies blonds chauds.

LA MERE BRAZIER

Auréolé de toutes les gloires, le restaurant La Mère Brazier est sans aucun doute un des témoins essentiels de la vie locale mais également le symbole d'une réussite typiquement lyonnaise : celle des Mères.

La jeune Eugénie, fille de modestes paysans bressois, arrive à Lyon en 1914 pour servir dans les maisons bourgeoises. Assignée aux tâches ménagères, elle découvre cependant par accident la cuisine et par là même sa future vocation. Après avoir fait ses classes chez la Mère Fillioux, elle passe quelques années dans les cuisines de la Brasserie du Dragon où sa réputation se met à croître : on la dit alors plus douée que la Filloux elle-même…

Forte de ses quelques années d'expérience, Eugénie rachète en 1921 une petite épicerie-comptoir rue Royale pour y installer son propre restaurant. Elle y fait alors ses quinze couverts chaque soir avant d'être repérée par France Gastronomique et élue cantine d'Edouard Herriot. Le succès aidant, la Mère ouvre une deuxième salle en 1924 puis deux petits salons au premier étage. Les étonnantes céramiques en faïence Art Déco font alors leur apparition au rez-de-chaussée et à l'étage…

Afin de s'échapper de cette vie où elle travaille trop, Eugénie achète une petite cabane en bois au Col de la Luère. Aussitôt installée, ses fidèles clients l'y suivent et, apportant les victuailles, la supplient de préparer quelques plats. L'endroit devient ainsi très vite prisé du Tout-Lyon qui s'y retrouve le week-end pour savourer cette délicieuse gastronomie champêtre. En 1932, le Michelin décerne ainsi deux étoiles aux deux restaurants, avant de leur accorder la troisième l'année suivante…

Le 12 rue Royale, repris par le fils Gaston après la Guerre, continue d'émerveiller Lyon dans une ambiance plus décontractée : on y organise alors des concours de jet de Saint-Marcellin sur les carreaux de faïence et des feux de camp dans le bar, mais tout en maintenant une cuisine irréprochable. Sa fille Jacotte lui succédera an 1974 avant de passer la main en 2004.

Le bar a gardé intactes ses admirables céramiques, tandis que les salles, avec leur chaud mélange de bois, d'argenterie et de tissus rouges, accueillent aujourd'hui encore les amateurs de volaille demi-deuil, à la carte depuis… 80 ans déjà.

La Mère Brazier
12, rue Royale
04 78 28 15 49

ROGNONS DE VEAU GASTON BRAZIER
pour 4 personnes

Ingrédients

4 rognons de veau
130 g de beurre
3 verres de Noilly Prat
1 cuillerée a soupe de moutarde forte
Farine
Sel
Poivre
pâtes fraîches

Progression

Dégraisser puis émincer finement les rognons, les fariner légèrement.
Mettre 100 g de beurre dans une poêle. Faire revenir les rognons à feu vif pendant 5 mn, saler et poivrer.
Déglacer les rognons avec le Noilly, flamber.
Laisser réduire 3 mn, incorporer la moutarde forte, bien délayer.
Au moment de servir, ajouter hors du feu une noix de beurre.
Bien mélanger à la sauce
Servir avec des pâtes fraîches en garniture.

LE PASSAGE

Une porte d'immeuble des plus classiques ouvre au numéro 8 de la rue du Plâtre sur une étroite « ruelle », une des rares traboules du quartier de l'hôtel de ville. Spécificité lyonnaise par excellence, ces allées à entrées multiples presque toujours invisibles de la rue ont souvent été témoins d'histoires secrètes. Niché entre la rue Longue et la rue du Plâtre, le passage Tolozan ne fait pas exception à la règle. Au centre de ce sombre passage pavé, un charmant patio fleuri orné de peintures enfantines et entouré d'immeubles anciens aux voûtes hautes accueille quelques tables, l'entrée bien cachée du restaurant n'est pas loin.

Ancien bistrot de quartier, haut lieu de la vie politique lyonnaise pendant toute une partie du XXᵉ siècle certainement choisi pour sa discrète situation, le premier étage de l'établissement est à l'époque l'un des points de rendez-vous d'Edouard Herriot et de ses acolytes de l'état-major du parti radical.

Racheté il y a une vingtaine d'années, l'établissement est depuis lors devenu un véritable restaurant offrant d'une pièce à l'autre une atmosphère bien particulière. Lourds rideaux en velours et larges fauteuils en cuir rouge vieilli – ils ornaient autrefois les salons de l'hôtel Majestic de Cannes – rythment le décor de la table gastronomique, tandis qu'un peu plus loin au rez-de-chaussée, la brasserie a des allures de salle de théâtre à laquelle il ne manquerait que la scène. Des trompe-l'œil en forme de rideaux de scène ornent les murs tandis que les convives prennent place sur les fauteuils de l'ancien cinéma l'Eldorado. Autrefois dépôt d'un artisan qui y stockait des pelages d'animaux, le premier étage est aujourd'hui un charmant salon privé décoré de boiseries et des portes de l'ancien ministère des finances situé autrefois au Louvre – et de miroirs cernés de dorures.

Le Passage
8, rue du Plâtre
04 78 28 11 16

FILET DE SANDRE ROTI, JUS DE CRUSTACES AU NOILLY
HARICOTS TARBAIS A LA COUENNE DE COCHON
pour 12 personnes

Ingrédients

1 sandre de ligne de 1 kg (écaillé et levé par votre pois-
sonnier)
1 kg de têtes et pinces de langoustines
1 dl de Noilly
150 g de haricots tarbais label rouge
30 g de lardons fumés
1 grosse cuillère de graisse de canard
1 oignon, 1 carotte, 1 bouquet garni, 2 gousses d'ail,
1/2 branche de céleri
150 g de couenne de cochon
1 litre de fond blanc (bouillon de poule)
Beurre, huile d'olive, sel et poivre.

Progression

Faire tremper les haricots une nuit à l'eau froide, ensuite les
placer directement dans une casserole avec la même eau et les
porter à ébullition. Retirer de suite, réserver hors du feu.
Pendant ce temps, tailler l'oignon, la carotte en petits dés, les
faire suer dans la graisse de canard, ainsi que la couenne de
cochon découpée en carrés de 2 cm de côté. Mouiller ensuite à
l'aide du fond blanc, ajouter le bouquet garni, le céleri et l'ail. Ne
pas saler (uniquement en fin de cuisson). Cuire doucement après
avoir ajouté les haricots égouttés (pendant 1 h 30 environ).
Concasser les carcasses de langoustines ainsi que les pinces,
les colorer dans un peu de beurre et d'huile d'olive, puis flamber avec le Noilly, laisser cuire doucement 40 mn, filtrer le tout
et faire réduire doucement jusqu'à l'obtention d'un jus pour 4
personnes. Détailler le sandre (filet) en 4 portions, les poêler
doucement au beurre.
Dresser les haricots tarbais au centre de l'assiette, déposer le
sandre dessus et finir avec un cordon de jus autour.

69002

LE BISTROT
DE LYON

Il est sans aucun doute, avec ses 110 ans d'activité, l'un des plus anciens acteurs de la vie gastronomique lyonnaise.

L'histoire commence modestement. Un petit bouchon voit le jour dans la rue Mercière en 1896, repris en 1920 par la famille Héritier. La truculente Marie-Louise dirige alors les cuisines d'une main de fer, séduisant rapidement le Tout Lyon avec son aïoli musclé. Son mari, solide gaillard, propose à ses clients une sélection de… deux vins uniquement, mais en quelle quantité ! Mâcon blanc et Chiroubles coulent alors à flot dans ce temple de la gouaille.

L'établissement résiste à l'usure du temps, bravant guerres et récessions économiques, notamment grâce à la clientèle de la maison de plaisir voisine qui vient y savourer quelques délicieux entractes.

Racheté en 1974 par Jean-Paul Lacombe, le bouchon devenu Bistrot de Lyon connaît alors un nouveau souffle : victime de son succès, l'espace est agrandi avec le rachat de l'hôtel voisin, puis d'une boutique d'antiquité jouxtant l'établissement.

Fruit de la dernière acquisition, l'histoire ne le dit pas, mais en matière de décoration, le bistrot n'est désormais plus en reste : aux éléments d'époque, bois cernés et céramiques 1900, viennent s'ajouter quantité de bibelots et objets Art Nouveau : ici, un luminaire drapé de tiges de verre et de perles, telle une robe de danseuse de fox-trot, illumine doucement une grande table de banquet. Là, au-dessus de la grande salle, un élégant plafond peint fixé sous verre début de siècle probablement issu d'une boulangerie ou d'une charcuterie. Plus loin, une vieille caisse d'épicier en bronze patiné trône sur son discret meuble de bois sombre tandis qu'une horloge aux courbes sensuelles vient habiller l'étroit escalier.

Au milieu de ce sympathique bric à brac, les convives peuvent dorénavant savourer les classiques de la cuisine lyonnaise et une carte des vins... plus étoffée.

Le Bistrot de Lyon
64, rue Mercière
04 78 38 47 47

OS A MOELLE A LA TRUFFE FRAICHE DE RICHERENCHES
pour 8 personnes

Ingrédients

8 os à moelle de bœuf vidés
400 g de queue de bœuf
1,5 l de bouillon
150 g de foie gras cuit
80 g de moelle de bœuf
1 truffe fraîche de 50 g
10 cl de jus de truffe
Sel, poivre
Pour la sauce porto :
10 cl de porto
5 cl de cognac
30 cl de fond de veau
10 cl de jus de truffe
Pour la sauce champignons
200 g de champignons de Paris
25 cl de bouillon de volaille
100 g de beurre mou

Progression

Faire bouillir les os de bœufs, les nettoyer et les sécher.
Faire cuire la queue de bœuf dans un bouillon, comme pour un pot-au-feu, la désosser, laisser refroidir la viande.
Pour la sauce, faire réduire le porto et la cognac en sirop, ajouter le jus de veau. Faire à nouveau réduire en sirop.
Ajouter le jus de truffes au dernier moment.
Confectionner un bouillon de champignons : émincer les champignons, les faire infuser dans le bouillon de volaille à ébullition en laissant reposer toutes les 30 mn hors du feu.
Passer au chinois. Battre le beurre et ajouter le au jus de champignons. Juste avant de servir, émulsionner la sauce avec un mixeur-plongeur.
Préparer la farce : tailler la viande de queue de bœuf, le foie gras, la moelle et la truffe en dés de 1 cm de côté. Saler et poivrer. Ajouter le jus de truffes, la sauce porto, mélanger.
Servir : remplir les os de cette farce, napper de sauce porto et de bouillon de champignons émulsionné.

LE BISTROT DES TARTINES

De vieilles boites de thé au métal joliment cabossé côtoient de sympathiques fioles remplies de mystérieux liquides tandis que des friandises d'un autre temps s'offrent à la vue des enfants. Caché dans les minuscules et innombrables étagères perchées derrière le comptoir, un garçonnet à la mine bonhomme peint sur une ancienne boîte de chocolat en poudre sourit à pleines dents à la ménagère trônant fièrement sur un très vieux paquet de lessive.

Niché depuis peu au cœur de la discrète rue de la Monnaie, à deux pas du tourbillon de la rue Mercière, le Bistrot des Tartines a récemment pris place dans un des très anciens immeubles de la rue. L'histoire du lieu n'est pas banale.

Alors que la banane fait son apparition au XIX⁺ siècle sur les étals du marché de gros tout proche, l'immeuble en pierre aux voûtes numérotées abrite une mûrisserie de ce fruit exotique connu depuis peu du public. L'industrialisation progressant par la suite, les mûrisseries artisanales deviendront progressivement obsolètes.

Repris depuis peu par les actuels propriétaires, l'endroit a changé de destinée. Adieu bananes et fruits exotiques…

Soucieux de créer dans cet immeuble chargé d'histoire une atmosphère bien à eux, les nouveaux propriétaires métamorphosent alors les lieux. L'ancien plafond à la française n'a pu être conservé, seules les célèbres et imposantes voûtes en pierre sont d'origine. De vieilles tables en bois dépareillées meublent l'espace tandis qu'un antique poêle en faïence promet des hivers douillets.

Nostalgiques de l'atmosphère des années 50 et amoureux des lieux aux allures de caverne d'Ali Baba, Lyonnais ou touristes égarés ont adopté l'endroit, charmés à l'idée de déguster une tartine ou un consommé aux parfums subtils sur une toile cirée fleurie, ou de se mêler aux inconnus festoyant à une grande table d'hôte.

Le Bistrot des Tartines
2, rue de la Monnaie
04 78 37 70 85

SOUPE DE POIVRONS AUX FRAISES
pour 4 personnes

Ingrédients

750 g de fraises
1 poivron vert
1 poivron rouge
1 gros oignon
2 gousses d'ail
30 g de sucre en poudre
20 cl d'huile d'olive
5 cl de vinaigre de Xeres
1 cuillère à café de sel
1 cuillère à café de poivre

Progression

Equeuter les fraises et les rincer sous l'eau froide.
Couper les poivrons en deux dans la longueur, retirer la partie blanche intérieure et les graines ; détailler les poivrons en morceaux de 3 cm.
Eplucher l'oignon et le couper en quatre.
Eplucher l'ail et le couper en deux.
Verser le tout dans un robot-mixeur, ajouter le sucre et le poivre, et mixer le tout environ 3 mn.
Ajouter l'huile d'olive et mixer de nouveau 30 s.
Placer une passoire au-dessus d'un saladier, verser la soupe dedans en plusieurs fois, et la filtrer en l'écrasant avec le dos de la louche pour libérer le maximum de pulpe.
Ajouter le vinaigre et remuer de façon à bien l'incorporer.
Rectifier l'assaisonnement.
Réfrigérer la préparation 20 à 30 mn.
Servir frais, et décorer de dés de poivrons ou de croutons.

LE BOUCHON
AUX VINS

Dans une ville où gastronomie rime bien souvent avec œnologie, quoi de plus logique qu'un bistrot dédié à l'histoire du vin !

Si l'origine première des lieux est incertaine, l'histoire fournit cependant certaines clés : des clés de toute nature plus précisemment, l'endroit ayant été occupé par une serrurerie des années durant. Petits commerçants et particuliers du 1er arrondissement venaient alors faire appel au savoir-faire de l'artisan de la rue Mercière pour se munir en protections forgées de toute sorte.

La petite échoppe, transformée en bistrot il y a près de vingt ans, a depuis mué sous la bonne influence du tanin et des fûts de chêne.

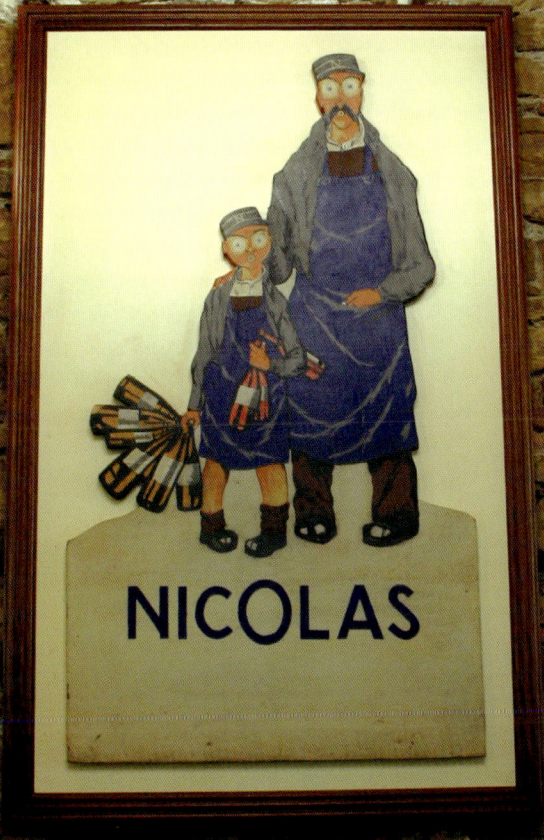

Vestiges de l'ancien commerce, les murs en vieille pierre de taille accueillent dorénavant un impressionnant ensemble de réclames vantant les vertus du nectar préféré des français : une joyeuse collection d'affiches anciennes permettent de redécouvrir un Nicolas débutant – il y a plus de cinquante ans déjà – de même que des petits producteurs du Chablis, Mâcon ou autres crus du Rhône ou de Bourgogne mettant en avant les effets « fortifiants et reconstituants » de leur production. Tels des outils signalétiques, une succession de plaques émaillées d'époque aux tonalités chaudes indique la richesse d'un patrimoine viticole toujours bien vivant.

Comme pour sanctifier les lieux, deux Bacchus jubilatoires pressent généreusement de grosses grappes de raisins de leurs petits poings, tandis qu'une fresque de Puvis de Chavannes, petit-fils de l'illustre peintre, met en avant le doux raisin et les plaisirs qu'il procure.

Si quelques bouteilles de grands crus vides ornent les lieux, c'est avant tout dans les verres que la gouleyante boisson coule à flot…

Le Bouchon aux vins
64, rue Mercière
04 78 38 47 40

TARTES AU BOUDIN
pour 10 personnes

Ingrédients

250 g de pâte feuilletée pur beurre
300 g de sang de porc
1 oignon
100 g de lard frais
150 g d'épinards frais
20 cl de crème fleurette
Noix de muscade
Sel, Poivre

Progression

Tailler le lard en petit dés, les faire fondre doucement dans une casserole, les égoutter et réserver. Ciseler l'oignon et le faire suer au beurre, l'égoutter et le réserver.
Equeuter et laver les épinards, les faire tomber au beurre. Saler, poivrer et saupoudrer d'un peu de noix de muscade puis égoutter et réserver.
Préchauffer le four à 120° (th.4).
Abaisser la pâte feuilletée au rouleau, garnir les moules individuels et faire cuire à blanc 7 à 8 mn.
Pendant ce temps, confectionner l'appareil à boudin : mélanger le sang à la crème fleurette, saler, poivrer et ajouter un peu de muscade. Ecumer.
Lorsque les tartelettes sont cuites à blanc, y ajouter le lard, les épinards, les oignons et recouvrir avec l'appareil. Faire cuire au four 10 à 15 mn. L'appareil doit être ferme mais crémeux.

LE BOUCHON DES CARNIVORES

Coincé entre les quatorze restaurants de cette chaleureuse et pittoresque rue des Marronniers, au cœur de la presqu'île, le Bouchon des Carnivores ne passe pourtant pas inaperçu. L'établissement, dont l'enseigne n'est autre qu'un taureau rieur abrité par une élégante marquise, est, sans aucun doute, et comme son nom l'indique, le repaire des amateurs de viande.

Désireux de mettre en valeur l'ancienne boucherie de papy Lécuyer dont ils sont les gendres, Jean-Pierre Grillin et Xavier Midroit ont installé un restaurant dans les locaux du célèbre commerce. Carreaux en faïence, meubles en marbre blanc, et ancien billot de boucher creusé ornent la pièce principale tandis que têtes de veaux, cloches de vache, vitrail aux couleurs chatoyantes et bibelots en tous genres plongent le visiteur dans une atmosphère étonnante mêlant chasse, nature et ode à la bonne chère.

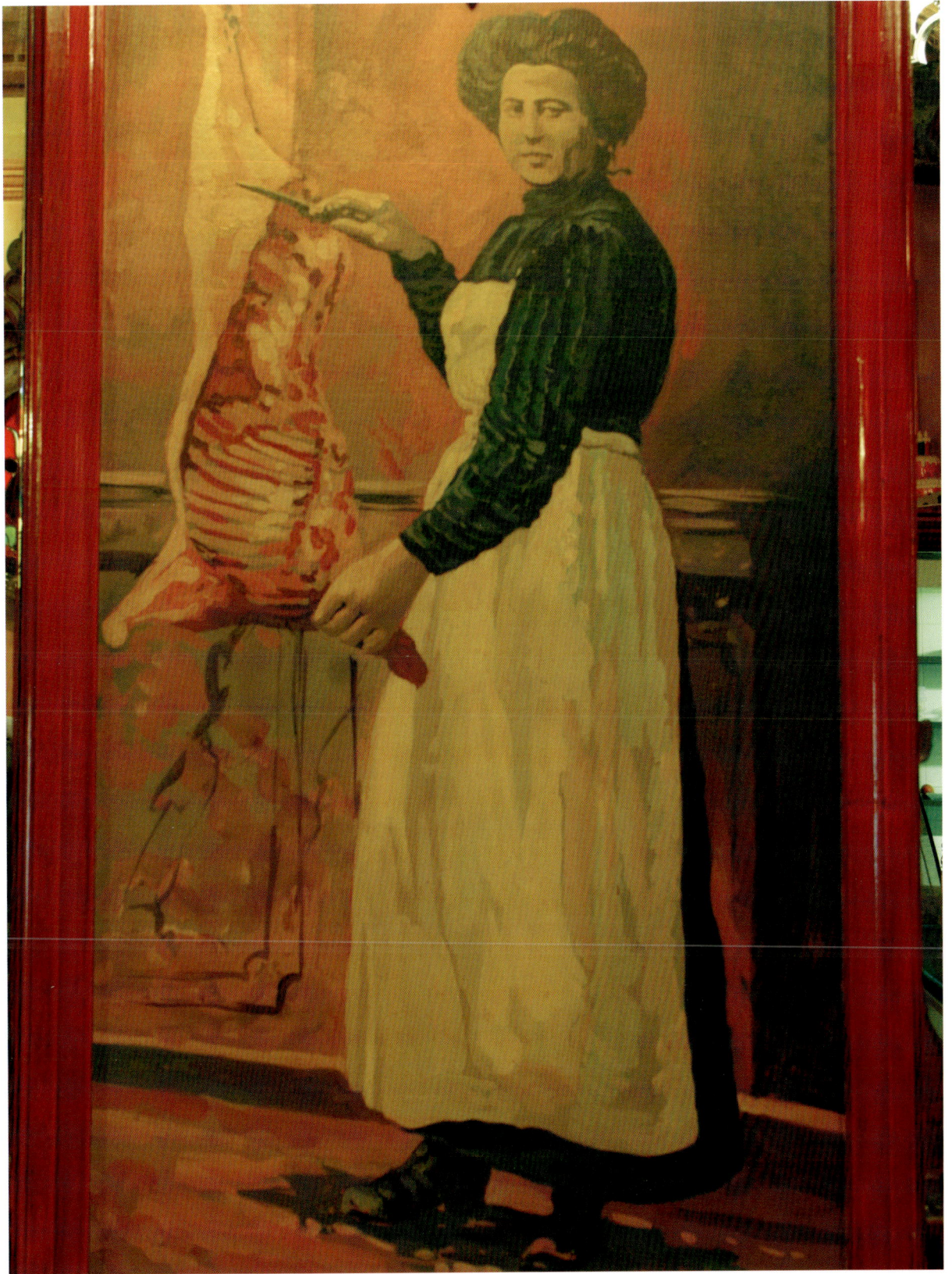

Combien de convives baignés dans ce décor – hommage au passé des lieux – ont imaginé, alors qu'ils dégustaient une pièce de charolais ou un pot-au-feu, les dames du quartier autrefois postées devant le comptoir, observant admiratives les gestes forts du boucher occupé à préparer poulardes et autres côtes de boeuf à grands coups de couteaux ?

Clin d'œil aux abattoirs de Lyon situés à Gerland et imaginés par Tony Garnier, des gravures représentant les bâtiments ornent les murs peints d'un chaleureux rouge vif menant à la salle de derrière où convivialité et chaleur imprègnent des repas pantagruéliques.

Le Bouchon des Carnivores
8, rue des Marroniers
04 78 42 97 69

GATEAU DE FOIES DE VOLAILLE A LA SAUCE FINANCIERE
pour 4 personnes

Ingrédients

Pour le gâteau de foies de volaille
200 g de foies de volaille
3 œufs
1/4 l de lait
1 dl de crème
Ail
Muscade
Sel et poivre
Pour la sauce
1 carcasse de volaille
200 g de champignons de Paris
100 g d'olives vertes
10 tomates, 1 carotte
3 oignon
1 bouquet de thym et de laurier, queues de persil
Du vert de poireau
20 cl de vin blanc
1 cuillerée à soupe de concentré de tomate
Sel, poivre et sucre

Progression

Mixer les foies de volaille séparément puis ajouter tous les autres ingrédients. Mélanger le tout et passer la préparation au chinois.
Graisser un moule avant d'y verser la préparation.
Faire cuire au bain-marie 30 minutes à 250°C.
Pour la sauce, faire au préalable un fond de volaille en faisant rôtir pendant 20 minutes au four et dans un peu d'huile la carcasse accompagnée d'un oignon, d'une carotte, du thym, du laurier, des verts de poireaux et des queues de persil. Déglacer avec le vin blanc, puis mouiller avec 1 l d'eau.
Laisser cuire à feu doux puis passer la sauce au chinois.
Rajouter les champignons de Paris, laisser cuire. En fin de cuisson, ajouter les olives vertes. Laisser infuser 20 minutes et retirer les champignons et les olives.
Couper les tomates et les oignons en quartiers. Faire compoter dans une casserole et rajouter le concentré de tomate, du sel, du poivre et du sucre. Verser le fond de volaille. Faire cuire le tout à feux doux une heure.
Une fois terminé, mixer la sauce tomate, la passer au chinois, et rajouter les champignons et les olives.
Démouler le gâteau de foies de volaille. Dresser.

BRASSERIE GEORGES

« Bonne bière et bonne chère depuis 1936 ». Telle est la célèbre maxime de cette brasserie installée à l'origine sur les anciens marécages de Perrache. Fondée par l'alsacien Georges Hoffherr, la brasserie Georges compte à l'époque à Lyon parmi les premiers établissements du genre : la cervoise souvent dédaignée était à l'époque considérée comme une boisson réservée aux femmes, contrairement au vin, boisson virile par excellence.

Réputée pour son excellente bière fabriquée sur place grâce aux qualités de l'eau de Lyon, et pour son cadre monumental – 710m² de plafond d'une seule portée, haut de six mètres trente, tenus uniquement par trois immenses poutres en sapin, transportées depuis la chartreuse par chariots à bœuf –, la Brasserie Georges devient rapidement un lieu incontournable de la ville.

Accoudés à une balustrade, les mille et un personnages peints à l'époque au plafond se plaisaient alors à scruter ici Lamartine à sa table favorite, là Paul Verlaine, Jules Verne où les frères Lumière – une petite plaque en bronze accrochée au dossier d'une banquette évoque encore aujourd'hui la présence régulière des inventeurs du cinématographe à la brasserie Georges – heureux de compter parmi les innombrables convives de ce gigantesque et incroyable établissement.

BONNE BIÈRE ET BONNE CHÈRE DEPUIS 1836

1836   1996

Sous la houlette de Mathieu Umdestock, le gendre de Georges Hoffherr, la salle est entièrement décorée au début du XXe siècle dans le plus pur style Art Déco : marbre, boiseries, baies vitrées et miroirs aux lignes symétriques rythment l'espace, tandis que cinq lustres majestueux en verre opaque illuminent la salle et ses banquettes en moleskine rouge de 1885.

Achevant de donner à l'endroit son air majestueux, des panneaux en stuc représentant des angelots célébrant les vendanges et la récolte du houblon et scellant la réconciliation du vin et de la bière ornent les murs, tandis que Bruno Francisque Guillermin réalise les fresques du plafond sur les thèmes de la Moisson, des Vendanges, de l'Eau et de la Bière.

Repris à la veille de la deuxième guerre mondiale par la famille Rinck, l'endroit ne cesse de gagner en notoriété. Venus de toute l'Europe dans cette incroyable brasserie aux rangs s'étendant presque à perte de vue – la salle avait été conçue à l'origine pour accueillir mille personnes –, les amoureux de bière et de l'ambiance brasserie accourent aujourd'hui encore dans cet incroyable établissement réputé pour ses nombreux exploits : la plus grande omelette norvégienne et la plus importante choucroute jamais préparées y ont été servies.

Brasserie Georges
30, Cours Verdun Perrache
04 72 56 54 54

QUENELLES DE BROCHET AU COULIS DE CRUSTACES
pour 8 personnes

Ingrédients

500 g de chair de brochet
50 g de fécule
100 g de beurre
35 cl de crème fleurette
2 g de poivre moulu
10 g de sel
1 g de muscade râpée
5 œufs

Progression

Mixer la chair de brochet désarrêtée, ajouter la fécule, le sel fin, le poivre moulu et la muscade. Lorsque le mélange prend une forme de boule, arrêter et corner les bords à l'aide d'une spatule.
Tout en faisant tourner le robot à grande vitesse, incorporer les œufs, puis doucement la crème liquide, terminer avec le beurre pommade (beurre ramolli à température ambiante).
Laisser reposer une dizaine d'heures.
Mouler les quenelles à la cuillère en forme de cocon.
Faire pocher pendant 15 mn, en eau frémissante préalablement salée.
Egouter les quenelles sur un torchon, les poser dans un plat à gratin, et napper d'un velouté de crustacés (ou béchamel), et faire gonfler au four à 220° pendant 20 mn, accompagner d'un riz pilaf.

CAFE COMPTOIR ABEL

A quelques enjambées du Rhône, niché sous la voûte d'Anay, le Café Comptoir Abel a su préserver intact depuis près d'un siècle déjà son décor enchanteur et savoureux.

Si les origines de l'immeuble du 25 rue Guynemer sont incertaines, certains prétendent que Richelieu et Mazarin se seraient rencontrés dans une taverne établie au rez-de-chaussée. C'est cependant aux alentours de 1920 que l'endroit, racheté et transformé en café charbon, adopte sa physionomie actuelle. Les valets et domestiques des familles bourgeoises s'y retrouvent alors, en faisant ainsi un lieu de convivialité privilégié. Savourant les arômes du breuvage tropical, ces messieurs échangent volontiers, attendant une accalmie entre deux averses, les derniers secrets sur les coulisses de la vie lyonnaise.

L'arrivée de Madame Abel en 1928 met un terme à l'activité de charbonnage. Elle y développe une cuisine simple, abordable et conviviale, avant que les lieux ne se transforment en bouchon.

Les beaux parquets, murs de bois sombre et élégantes peintures Art Nouveau s'élançant discrètement sur les murs traversent ainsi le siècle jusqu'à ce que le lieu soit transformé

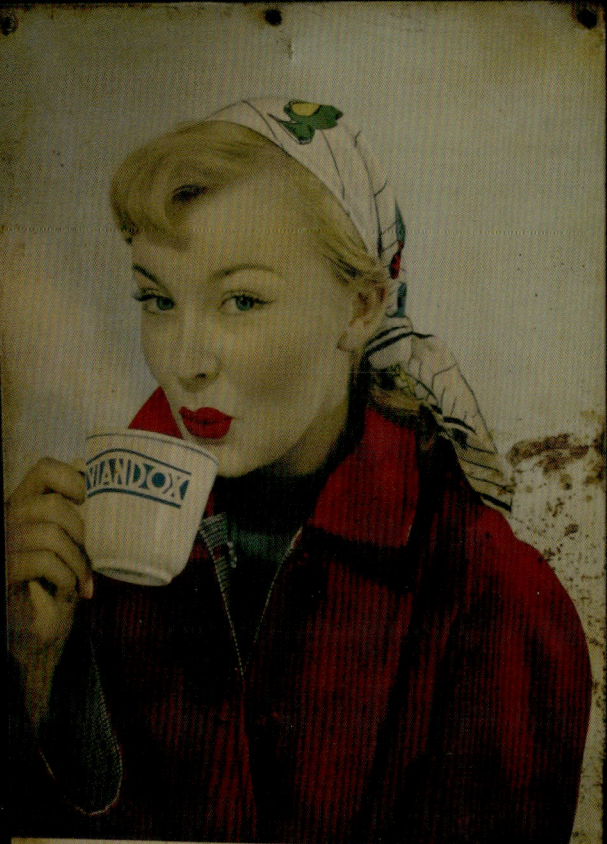

en restaurant au début des années 1970. Le nouveau propriétaire, avisé, conserve le décor initial. Fin chineur, il y ajoute néanmoins les vieilles affiches, réclames et bibelots qui ornent aujourd'hui encore les murs et les comptoirs.

Bertrand Tavernier, séduit par l'endroit, y attable, en 1973, Philippe Noiret dans l'*Horloger de Saint-Paul*. Le charme des lieux et la qualité des plats du jour en font par ailleurs un endroit rapidement prisé par les Lyonnais et hôtes de marque. Le lieu s'agrandit ainsi une première fois en 1980 avec l'annexion de la boutique voisine. Le décor y reste cependant rigoureusement le même, à tel point qu'il serait aujourd'hui bien difficile de différencier la copie de la salle d'époque.

Le dernier propriétaire des lieux a par la suite investi le premier étage pour y installer deux confortables salons privés, plus propices à d'inénarrables agapes en compagnie des sympathiques bronzes ornant la cheminée… et des légendaires quenelles de brochet.

Café Comptoir Abel
20, rue Guynemer
Tel 04 78 37 46 18

TERRINE DE QUEUE DE BOEUF
pour 8 personnes

Ingrédients

1 queue de boeuf
2 litres de vin rouge
1 carotte
1 oignon
2 bouquets de thym
2 branches de laurier
2 poireaux
3 feuilles de gélatine
1 clou de girofle
Fleur de sel de Guérande
Poivre du moulin

Progression

Mettre dans une grande cocotte le vin rouge, la garniture aromatique : carottes, oignon, verts de poireaux, clous de girofle, sel, poivre. Ajouter la queue de boeuf.
Démarrer à froid et laisser cuire pendant 4 heures à feu doux
Cuire les blancs de poireaux dans une autre casserole à l'eau bouillante pendant 10 mn. Les rafraîchir sous l'eau froide. Les égoutter dans un torchon.
Détacher la viande des os, passer le jus de cuisson au tamis, faite réchauffer le jus et incorporer la gélatine.
Monter la terrine en couches successives, la viande, les poireaux, la gelée, laisser au frigo pendant 24 heures.
Servir coupé en tranches de 3 cm avec une vinaigrette légère.

CAFE COMPTOIR
DE LYON

« Lyon gastronomie demain », « sommelier Rhône-Alpes », à l'heure où les boîtes aux lettres personnelles ne sont pas encore monnaie courante, ils sont quelques-uns à avoir la leur au café comptoir de la rue Tupin. Perchés dans l'escalier qui monte à l'étage – autrefois la cuisine –, ces petits tiroirs en bois alignés témoignent de la trépidante histoire du quartier.

Installé au cœur de Lyon, à deux pas d'une des rues les plus passantes de la presqu'île, le café comptoir voit le jour à la fin du XIXe siècle. Fondé par la famille Orsi – une photo de la famille accueille les visiteurs – le bouchon, vraisemblablement aujourd'hui l'un des plus vieux des environs, a conservé son décor d'origine. Longue banquette en bois brun foncé et tables de bistrot nappées de carreaux rouges et blancs ornent la grande salle du rez-de-chaussée.

Un plafond décoré de multiples stucs et de nombreux miroirs rythment le décor, tandis que de sympathiques angelots perchés au dessus du bar et tenant chacun fièrement leur pot de Côtes du Rhône observent malicieusement les habitués se raconter avec la verve des douces ivresses les dernières anecdotes de la rue. Seule la cuisine est descendue au rez-de-chaussée, lors de l'arrivée, il y a huit ans, des nouveaux propriétaires.

Car ils sont nombreux à venir régulièrement manger un tablier de sapeur dans ce convivial bouchon, certains ont même leur table attitrée : des petites plaques en métal aux noms des plus assidus sont encore visibles un peu partout. « La table des parisiennes » peut-on lire sur l'une d'entre elles, témoigne de la venue régulière de deux clientes. Elles avaient l'habitude de s'asseoir l'une à côté de l'autre… à la parisienne.

Café Comptoir de Lyon
4, rue Tupin
04 78 42 11 98

GALETTES AU VIN DU BEAUJOLAIS
pour 6 personnes

Ingrédients

200 g de farine
100 g de sucre
100 g de beurre
1/2 bouteille de Beaujolais
1 grosse pincée de sel de Guérande

Progression

Au mixeur, mélanger le beurre et la farine, ajouter le sucre
Et pour faire prendre la pâte, le vin réduit au volume de 40 g.
Finir avec le sel, laisser reposer.
Etaler la pâte au rouleau et la découper en petites allumettes ou en galettes rondes.
Cuire au four à 150°. Une belle couleur blonde définit la fin de la cuisson.

CHEZ MOSS

« L'an mille neuf cent nonante neuf sept mois.
Du ciel viendra un grand Roy d'effrayeur,
Ressuciter le grand Roy d'Angoulmois,
Avant après Mars regner par bonheur ».

A l'angle de la rue Mercière et de la rue Ferrandière, à l'endroit même où les amoureux de poissons accourent aujourd'hui chez Moss déguster sympathiques soles et autres raies au beurre noisette, Nostradamus écrivit ces vers qui le rendirent célèbre dans le monde entier.

Célèbre, le numéro 2 de la rue Ferrandière l'est à plus d'un titre. Connu pour être le créateur des caractères augustaux, l'imprimeur Louis Perrin exerça son activité dans les murs de l'actuel restaurant entre 1825 et 1832. A quel moment précisément l'endroit devint-il une brasserie ? Peu nombreux sont ceux qui pourraient le dire.

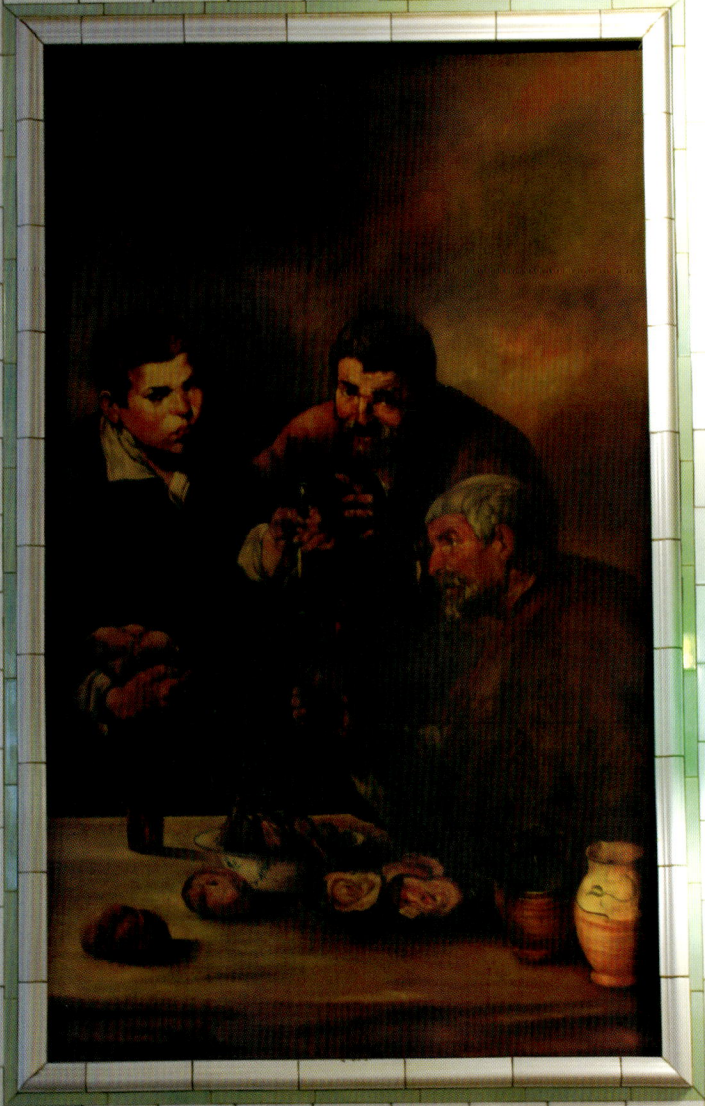

« Plus de 150 ans » affirment pourtant certaines mémoires de la presqu'ile.

Une chose est sûre cependant : les murs et le plafond entièrement en céramiques sont d'origine, tout comme les boiseries et les peintures du XIXᵉ siècle – quatre scènes de la vie quotidienne se déroulant côté office et côté salle à manger, ornent les murs.

Niché au cœur d'une rue autrefois réputée pour être celle des marchands, le restaurant a failli être victime d'un projet de destruction du quartier, arrêté à temps grâce à l'intervention à l'époque d'André Malraux. Appelé « le Tournant » – le restaurant est à l'angle d'une rue – l'endroit est rebaptisé Chez Moss au début des années 80, clin d'œil au nom des nouveaux propriétaires dont c'est le diminutif. Adieu veaux, vaches, cochons et poulets ! Bar, tourteaux et autres bourriches d'huîtres font leur entrée dans la cuisine du restaurant pour le plus grand plaisir des nombreux gastronomes attirés par la pittoresque rue Mercière.

Chez Moss
2, rue Ferrandière
04 78 42 04 09

SALADE EXOTIQUE
pour 4 personnes

Ingrédients

3 mangues pas trop mures.
2 caramboles
250 g de pommes de terre cuites à l'eau
2 oignons fanes
200 g de mayonnaise
curry
250 g de crevettes décortiquées
8 crevettes entières moyennes
1 cl de vin blanc
décoration 4 orchidées
ciboulette.

Progression

Réaliser la sauce curry en mélangeant la mayonnaise, le curry et un centilitre de vin blanc.
Détailler les mangues en retirant le noyau. Réserver 12 belles tranches pour la décoration.
Couper le reste des mangues en petits cubes de 1 cm de côté, ainsi que les pommes de terre.
Mélanger délicatement les crevettes décortiquées, les pommes de terre, les mangues et les oignons émincés avec la sauce curry.
Dresser dans 4 coupes à glaces

LE CINTRA

Grand Corona rouge, Impérial rouge, Royal rouge…

De la Bourse, de la Croix Rousse, du Vieux Lyon et d'ailleurs, les aficionados des portos de la vallée du Douro aiment se retrouver après la fin de la première guerre mondiale au Cintra, un nouvel établissement installé en 1921 au cœur du quartier des cordeliers.

Des exportateurs portugais de produits de la région de Cintra font alors découvrir dans leur épicerie fine leurs meilleures spécialités locales accompagnées de vins de Porto aux Lyonnais – Edouard Herriot venait y rencontrer la clientèle de la Bourse toute proche ainsi que les notables de la presqu'île – curieux de déguster ces vins doux et sucrés sortis de petits tonneaux trônant en face du bar en bois sculpté.

DETAIL

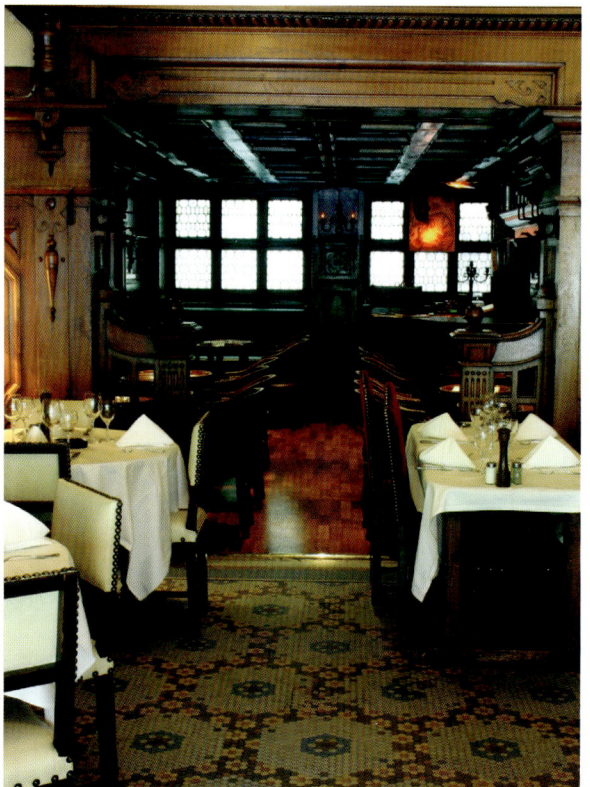

Morue séchée, fromage de cabri, figues et autres olives parfumées reposent dans des placards encore visibles aujourd'hui, aux portes en vitrail vert ornées de croisillons en fer forgé. Transformé en restaurant il y a dix-sept ans, le décor de l'endroit a été totalement conservé. Entièrement boisé, l'établissement a des allures d'ancien manoir portugais avec ses larges et hautes chaises en bois épais, son plafond en marronnier sculpté et ses vitraux de couleurs.

Les petits fûts sont désormais remplis de vin, tandis que les spécialités lusitaniennes ont cédé la place à la cuisine lyonnaise – même si les amoureux de Porto savent qu'ils peuvent encore trouver au Cintra de savoureux vins cuits. Les sons « jazzy » du piano ont fait oublier le fado, mais nombreux sont les habitués heureux de venir se détendre dans la nouvelle atmosphère de ce lieu mythique récemment classé monument historique.

Le Cintra
43, rue de la Bourse
04 78 42 54 08

BROCHETTE DE LOTTE AU PARMESAN ET SA CONCASSEE DE TOMATES AU BASILIC
pour 4 personnes

Ingrédients

600 g de filet de lotte
100 g de copeaux de parmesan
15 cl d'huile d'olive
10 g de beurre
un citron vert
sel et poivre

pour la concassée de tomates
1 boite de tomates pelées
1 oignon
2 gousses d'ail
40 g de basilic
5 cl d'huile d'olive
5 g de thym
5 cl de vinaigre basalmique
sel, poivre
sucre en poudre

Progression

Faire revenir dans une casserole l'oignon ciselé et l'ail haché avec l'huile d'olive puis rajouter la tomate concassée, le sel, le poivre, une cuillère à café de sucre en poudre, les herbes et le vinaigre basalmique. Faire réduire pendant 10 mn à feu moyen et réserver.
Trancher de petits médaillons dans le filet de lotte et préparer la brochette.
Saisir la brochette à l'huile d'olive des deux côtés, sans oublier l'assaisonnement. Disposer des copeaux de parmesan sur la brochette et terminer la cuisson à four chaud pendant quelques minutes.
Dresser : poser la brochette au centre de l'assiette et napper le contour avec la concassée de tomates. Disposer quelques copeaux de parmesan, un quartier de citron vert et arroser d'un filet d'huile d'olive

LA COMMANDERIE DES ANTONINS

Un étonnant voyage nourri de chevalerie et de Moyen âge attend le gourmet pénétrant dans ce lieu chargé d'histoire.

Les Antonins, ordre de moines-médecins, s'établissent en 1245 à proximité de la Saône, entre le Port de Chalamont et la rue Mercière, y créant leur commanderie lyonnaise en vue d'endiguer les épidémies de « Feu de Saint-Antoine » sévissant dans la région. Pauvres hères, paysans et petites gens viennent alors chercher un remède à cette étrange maladie provoquée par la consommation de pain de seigle à base de céréales ergotées.

Alors que le fléau disparaît progressivement, l'ordre des Antonins est incorporé à l'ordre de Malte au XVIIIe siècle, le bâtiment traversant ainsi paisiblement près de sept siècles d'histoire.

Rabelais et Michel de Nostre-Dame – plus connu sous le nom de Nostradamus – médecins eux-mêmes et amis des commandeurs, seraient venus à de nombreuses reprises y discuter des avancées de la médecine tout en dégustant d'abondantes cochonnailles.

Il faut attendre 1974 pour que les lieux soient rachetés par un restaurateur passionné d'histoire, Daniel Soudan. Celui-ci préserve avec attention le cadre : les belles et épaisses voûtes de pierre grise coiffent toujours la longue salle au bout de laquelle trône une imposante cheminée, dans laquelle sont cuites aujourd'hui encore toutes les viandes.

Chineur dans l'âme, le nouveau propriétaire vient enrichir l'établissement de mille et un objets réchauffant ainsi l'atmosphère jusqu' alors un peu austère : vieille charrette en bois sculpté, luge et horloges laissent depuis planer des arômes de brocante tandis qu'une vieille armure, clin d'œil aux chevaliers de passage, accueille les férus d'histoire et de gastronomie venant déguster des repas médiévaux savamment reconstitués par le maître des lieux…

La Commanderie des Antonins
30, Quai Saint Antoine
04 78 37 19 21

EPEAUTRE EN FROMENTEE
pour 4 personnes

Ingrédients

400 g d'épeautre (acheter la « petite épeautre» en boutique bio ou diététique).
2 l de bouillon de légumes ou
2 l de bouillon de viande
Macis (ou muscade)
Maniguette
1 oignon
1 poireau
3 carottes
2 branches de céleri
1/2 verre de vin blanc
Sel, poivre

Progression

Nettoyez et coupez en julienne l'oignon, deux branches de céleri, le poireau et trois carottes. Faites-les dorer au beurre, mouillez d'un demi-verre de vin blanc et d'un demi-verre d'eau. Assaisonnez et laissez cuire 10 mn. Réserver.
Dans une grande casserole, verser le bouillon de légumes ou de viandes, saler, ajouter la julienne, le macis et la maniguette.
Faire cuire l'épeautre 30 mn environ après reprise de l'ébullition, retirer et couvrir, laisser gonfler. Servir.

LE COMPTOIR DES MARRONNIERS

Situé dans une des rues les plus gourmandes du quartier, le Comptoir des Marronniers se pose comme un véritable musée d'histoire de la gastronomie lyonnaise.

Si le 12 de la rue des Marronniers accueille bistrots et restaurants depuis bien longtemps déjà, ce n'est qu'en 1992 que le Comptoir, sous l'impulsion de Jean-Paul Lacombe, a adopté sa physionomie actuelle. Les vieilles pierres de taille, derniers vestiges du passé, accueillent dorénavant une authentique « mémoire » visuelle des habitudes alimentaires de la ville et de ses plus illustres habitants ou visiteurs.

A l'honneur, les Mères de toute époque – Fillioux, Brazier, Léa, Jean, Tante Paulette pour ne citer qu'elles, s'affairent, toutes en noir et blanc, sur leurs volailles, poulardes, truffes et fois gras, aiguisant leurs vieux couteaux d'acier.

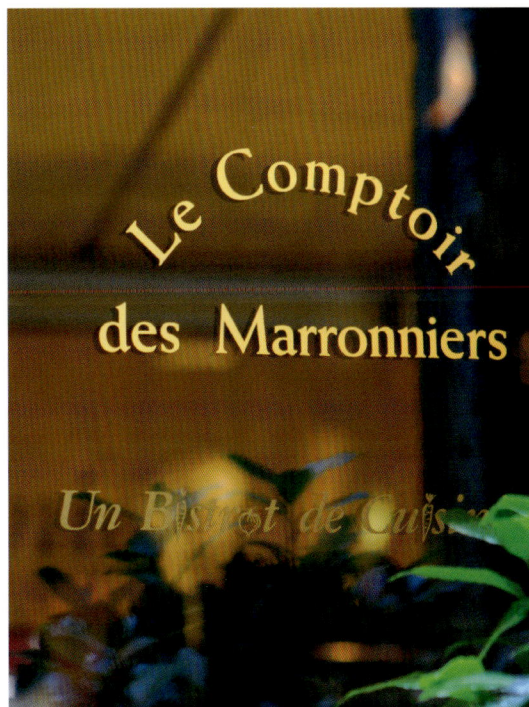

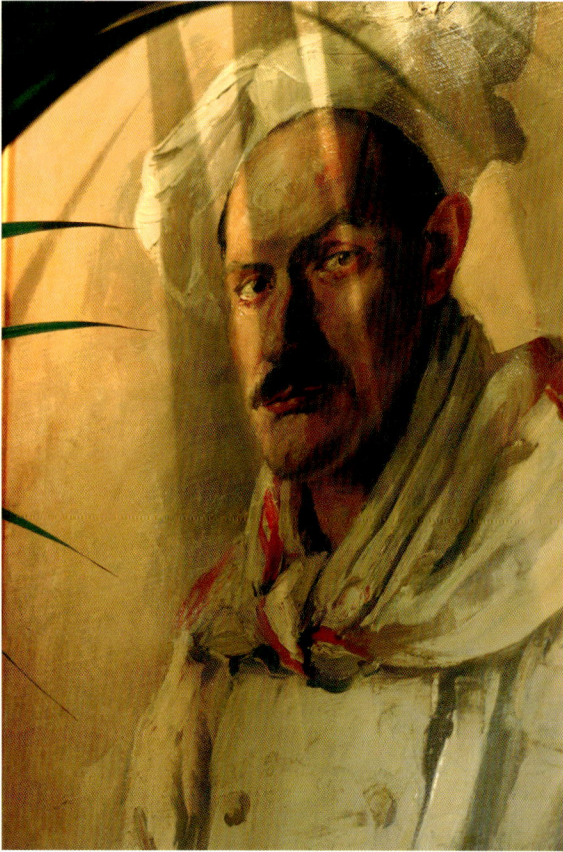

Edouard Herriot, le plus célèbre – mais aussi le plus assidu – des habitués de ces vénérables institutions, pose au milieu de ses amis les chefs étoilés.

Gravures et vieux menus rappellent avec gourmandise les fastes et la richesse d'une cuisine traditionnelle indémodable, tandis que les nombreux instruments, collection de petits fourneaux 1900, vieille trancheuse à jambon des années 20, surplombés par de vieilles plaques de réclames émaillées à la gloire des produits lyonnais, mettent en avant le savoir-faire des artisans de la région.

La collection complète des Guides Michelin – comprenant le premier opus, daté de 1900 – a pris place dans de petites vitrines aménagées à cet effet, à côté desquelles voisine un sympathique ensemble de facétieux marmitons miniature en céramique.

Le Comptoir des Marroniers
8, rue des Marroniers
04 72 77 10 00

ARTICHAUTS POIVRADE AUX HERBES
pour 8 personnes

Ingrédients

8 artichauts poivrade
Le jus d'1 citron
1/3 de bouquet d'estragon
1/3 de bouquet de persil plat
1/3 de bouquet de cerfeuil
5 cl d'huile d'olive
5 cl de vin blanc sec
Sel, poivre blanc du moulin

Progression

Préchauffer le four à 170° (th.5-6)
Tourner les artichauts poivrade : les parer avec un couteau d'office en tournant autour de chaque artichaut et en coupant le sommet des feuilles. Laisser aux artichauts 3 cm de queue. Retirer le foin avec une petite cuillère. A mesure que l'on tourne les artichauts, les faire reposer dans l'eau citronnée. Essuyer les artichauts. Mélanger les herbes, en farcir la cavité de chaque artichaut. Saler et poivrer.
Dans une cocotte en fonte, poser les artichauts tête vers le fond, ajouter le vin blanc et l'huile d'olive. Couvrir et faire cuire 15 à 20 mn au four.

LE GRAND CAFE DES NEGOCIANTS

Salle de réunion de « Messieurs les voyageurs et représentants de commerce » lors de sa création, cet élégant café-brasserie continue de tenir le haut du pavé de la rue Edouard Herriot.

Tandis que le 1er Arrondissement se développe autour de l'Hôtel de Ville et de la Bourse, un vaste établissement s'installe vers 1860 dans l'immeuble situé au coin de la rue Grenette et de la rue Herriot. Deux grandes salles sont alors créées pour permettre aux représentants en déplacement à Lyon de se délasser et travailler dans un cadre agréable : un espace contenant trois billards, où ces messieurs peuvent discuter autour d'un verre de leurs derniers contrats, et, plus calme, une salle de correspondance, comme en témoigne aujourd'hui encore l'ancienne boîte aux lettres accrochée aux murs des lieux.

POSTES

Lettres

1re LEVÉE
EST FAITE

Le fondateur du café, vraisemblablement féru de chasse, fait alors appel au savoir-faire de méticuleux artisans lyonnais pour imaginer des ornementations en stucs tournant autour de la nature et du gibier. La restauration entreprise en 1978 a ainsi permis de faire réapparaître les lièvres, perdreaux, poissons, canards et coqs de bruyères incrustés en haut relief sur les murs. Le riche plafond a également vu resurgir les rinceaux, guirlandes de fleurs et de fruits, coquilles, perles, rosaces et macarons qui enchantaient tant ces messieurs en cette fin de XIXe siècle.

Si les représentants se sont progressivement effacés, les gibiers et volailles s'admirent toujours et se dégustent aujourd'hui… dans les assiettes !

Le Grand Café des Négociants
1, place Francisque Régaud
04 78 42 50 05

FOIE GRAS CHAUD POELE AUX POMMES CARAMELISEES
pour 4 personnes

Ingrédients

1 lobe de foie gras
2 pommes
50 g de farine
50 g de beurre
3 cl de vinaigre balsamique

Progression

Séparer les deux lobes. Les couper en tranches de 3 à 4 cm d'épaisseur.
Dans une poêle, les laisser colorer sur chaque face 3 mn.
Eplucher les pommes et les couper en quartiers.
Mettre le beurre dans une poêle et poêler les quartiers 2 mn de chaque côté.
Egoutter les tranches de foie gras et les ajouter dans la poêle de cuisson des pommes.
Déglacer la poêle du foie gras au vinaigre balsamique puis verser la sauce dans la seconde poêle.
Disposer enfin le foie gras et les pommes dans une assiette de présentation. Ajouter une noisette de beurre dans la sauce puis napper votre plat.

LE JURA

Lentilles, tabliers de sapeur et côtes du Rhône... C'est l'heure du Mâchon au Jura, un des plus célèbres bouchons de la rue Tupin. Patrons et ouvriers des soieries arrivent peu à peu, rapidement rejoints par le marchand de journaux, quelques employés de banque et autres retraités égarés. Installé depuis 1867, l'ancien café-charbon devenu marchand de vin est connu dans toute la presqu'île : à la carte aucun menu mais du vin arrivé par tonneau des propriétés du beaujolais et l'assurance d'un bon casse-croûte pour les travailleurs matinaux.

Appelé « Le Jura » depuis sa création, le nom de ce bouchon reste toutefois une énigme. Un jurassien déraciné à Lyon avait-il décidé d'imposer sa présence dans la capitale des Gaules ? Ce lieu était-il le point de ralliement des jurassiens en partance pour le sud de la France ? Seules quelques très anciennes âmes lyonnaises connaissent peut-être le secret.

Repaire des syndicats des petits métiers en voie de disparition comme les patrons de « plattes », ces bateaux lavoirs ancrés en bordure des berges de la Saône et du Rhône, l'endroit est aussi fréquenté à la fin du XIXᵉ siècle par les rouliers, employés de messagerie dont la corporation était connue pour ses colères.

L'histoire raconte d'ailleurs que les pieds de table du marchand de vin étaient vissés au sol… pour éviter de servir de projectile !

Quelques vieilles réclames aux murs, banquettes en cuir et tables en bois, le décor de l'endroit empreint d'une grande simplicité n'a pas changé depuis 1934. Seul le bar a été transformé : l'étain qui le recouvrait autrefois a été récupéré par les allemands pendant la guerre, comme dans bon nombre de bistrots.

De marchand de vin à bouchon il n'y a qu'un pas. Dans la tradition des mères lyonnaises, Brigitte, la « maîtresse de maison » est en cuisine, tandis que son mari et son fils sont à la salle et au vin. Médaillé de l'ordre des compagnons du beaujolais, l'endroit a également reçu le prix Gnafron – sorte de prix Nobel du vin et de la «mangeaille » lyonnaise – en 1998.

Le Jura
25, rue Tupin
04 78 42 20 57

PISSENLITS « GNAFRON »
pour 4 personnes

Ingrédients

400 g de pissenlits
150 g de lardons
16 croûtons pris dans une baguette
16 tranches de saucisson lyonnais cuit
3/4 de cuillère de vinaigre de vin
Gruyère râpé
Beurre

Progression

Trier et nettoyer les pissenlits.
Au four, faire gratiner les croûtons garnis d'une tranche de saucisson et saupoudrer de gruyère.
Faire dorer les lardons au beurre.
Chauffer le vinaigre. Mélanger les pissenlits avec le vinaigre chaud, les lardons et leur jus.
Servez en assiette individuelle et garnissez avec les croûtons et saucissons.

LA MERE JEAN

Une appétissante tarte aux abricots repose sur le comptoir en marbre d'une salle longue et exiguë, tandis que des saucissons de Lyon suspendus aux étagères sèchent tranquillement. Dans son épicerie-comptoir nichée au cœur de la grouillante rue des Marronniers, Françoise Donet, petite femme charmante et grassouillette, alias la mère Jean, accueille avec « Jeanne », sa cuisinière, toutes les bonnes âmes de la rue. Heureux de venir déguster un petit salé aux lentilles en descendant des planches, les comédiens du Théâtre des Marronniers tout proche ont l'habitude d'y terminer leurs soirées, tandis que les journalistes de la rédaction du Progrès viennent en voisins égayer leurs nuits entre deux éditions du journal.

Repaire de résistants pendant la seconde guerre mondiale – ils fuyaient par la cave de la mère Jean et pouvaient ainsi circuler entre les caves de la presqu'île toutes reliées entre elles –, l'endroit retrouve une activité normale et devient un véritable bouchon au début des années 50, sous la houlette d'Alice Biol, la nouvelle propriétaire.

Inchangé depuis 1923, le chaleureux décor du restaurant où convivialité rime avec promiscuité – de minuscules tables de bistrot en marbre formant une sorte de table d'hôte sont collées les unes aux autres – accueille aujourd'hui encore journalistes et comédiens ainsi que de nombreux habitants du quartier, habitués de l'endroit depuis leur plus tendre enfance.

Les innombrables tiroirs en bois qui trônent en dessous du long comptoir en marbre cachaient autrefois une multitude de produits : sauce de quenelle et vieille boîtes de sardines côtoyaient cannelle, poivre et thés en tout genre. Aux murs, les étagères en bois accueillent toujours de délicieux alcools de poires et de prunes vieillissant tranquillement à côté de l'antique moulin à café, utilisé de nos jours pour moudre le poivre.

La Mère Jean
5, rue des Marroniers
04 78 37 81 27

TARTES FINES AU JESUS ET OIGNONS ROUGES, SAUCE SAINT-MARCELLIN
pour 4 personnes

Ingrédients

1 gros saucisson « Jésus »
1 pâte brisée
2 oignons rouges
1 branche de romarin
1c de sucre brun
1 poignée de raisins secs
1 Saint-Marcellin
30 cl de crème
1 salade de Mâche
huile d'olive
Vinaigre de vin
Vinaigre balsamique

Progression

Découper quatre cercles de 10-12 cm de diamètre environ dans la pâte brisée.
Dans une sauteuse, faire fondre les oignons rouges finement émincés avec un peu d'huile d'olive, une branche de romarin et de thym, une cuillère à sucre de sucre brun. Ajouter une poignée de raisins secs préalablement trempés. Déglacer le tout avec quelquescuillères de vinaigre, réduire jusqu'à obtention d'une compotée. Réserver.
Cuire les fonds de tarte à four moyen 7-8 mn environ. La pâte doit être bien dorée.
Faire fondre un Saint-Marcellin dans 30 cl de crème, le garder au chaud. Allumer le grill et saisir les tranches de Jésus 30 secondes de chaque côté.
Constituer les tartes en étalant au fond les oignons compotés,ajouter les tranches de Jésus et passer quelques minutes au four. Mettre sur assiette et saucer de sauce Saint-Marcellin. Servir avec une mâche.

NICOLAS LE BEC

Quelques notes d'épices, une cuisine brute, un décor apaisé… Installée dans la rue Grôlée depuis bientôt deux ans, la table gourmande de Nicolas Le Bec mêle avec finesse délicates saveurs et ambiance épurée.

Le 14 de la rue était pourtant habitué à une toute autre atmosphère : le restaurant du Cirque, à la décoration dédiée aux arts forains, y sévissait depuis 50 ans déjà, lorsque le jeune chef étoilé y a installé son dernier né.

L'espace a depuis été intégralement repensé pour offrir un cadre propice à la contemplation et la dégustation de créations culinaires soignées : caramels, cafés, pistaches, les trois couleurs dominantes du restaurant sont comme un discret et doux rappel aromatisé venant soutenir les hauts volumes habillés de bois clair du restaurant.

Quelques toiles ou compositions contemporaines, mélange de matières brutes, réaffirment la présence des éléments.

Naturelle ou subtilement artificielle, une douce lumière vient dialoguer avec les différents éléments végétaux en présence : thuyas, compositions florales, ardoises et bouquets de branches ramènent l'épicurien de passage aux sources premières des saveurs.

Pour pimenter le tout, arômes et épices sont présentés dans leur suppports de verre, tels des objets chinés ici et là, distillant leurs senteurs invisibles parmi l'assemblée des dîneurs.

Nicolas Le Bec
14, rue Grôlée
04 78 42 15 00

LES COURGETTES FLEURS ET CHEVRE FRAIS
pour 4 personnes

Ingrédients

8 fleurs de courgette « mâle » sans courgette
4 courgettes vertes
1 œuf de poule
Purée d'olive noire
Croûtons
Huile d'olive
Cumin en poudre
Fenouil en poudre
Feuilles d'estragon
1 gousse d'ail
Sel et poivre

Progression

Prendre les huit fleurs de courgette et retirer le pistil central.
Eplucher au couteau les courgettes en bandes épaisses.
Saler, poivrer et badigeonner d'huile d'olive, cuire à la vapeur pendant 10 mn. Les égoutter fortement dans un torchon, les mixer en purée avec une pointe de cumin et de fenouil, quelques feuilles d'estragon, l'ail, de l'huile d'olive et l'œuf de poule.
Garnir cette farce dans les fleurs à la poche et cuire 5 mn à la vapeur.
Servir chaud ou froid, accompagné de chèvre frais, purée d'olives noires et les croûtons dorés à l'huile d'olive.

LE SALERS

Un petit air d'Auvergne souffle dans la rue Confort.

Au cœur de la presqu'île, non loin de la place des Jacobins – connue pour avoir été le passage obligé de tous les voyageurs en partance pour l'Italie – un des plus anciens bouchons lyonnais de la capitale, autrefois particulièrement réputé pour son vin, s'est vu donner le nom d'un fromage auvergnat.

Marchand de vins, bouchon, porte-pot, on prête au Salers différentes destinées. Ouvert en 1925 sous la houlette de Monsieur Nesme, l'endroit est rapidement repéré par les connaisseurs des bons coins de la capitale des Gaules, heureux de venir refaire le monde accoudés à ces tables de bistrot strictement alignées et de fouler les banquettes en moleskine rouge, aujourd'hui doucement patinées, autour d'un verre de Côtes du Rhône ou de savoureux Beaujolais.

Après avoir changé plusieurs fois de propriétaires, l'endroit est racheté il y a quatre ans par deux femmes. Changement de nom, changement d'atmosphère, l'Auvergne chère à la cuisinière imprègne désormais les lieux, dont le décor n'a cependant pas véritablement été modifié.

Ornant les murs, les chaudes boiseries façon Majorelle sont d'origine, tandis que le vieux poêle en fonte aux mosaïques rouges qui trônait autrefois au milieu de la pièce a simplement pris sa place à côté du comptoir. Appel à la rêverie et aux balades dans les recoins secrets de la ville, des toiles représentant des ruelles du Vieux Lyon et des vues de la Saône ornent les murs depuis le début des années 80.

Le Salers
8, rue Confort
04 78 37 55 36

CLAFOUTIS AU POULET
pour 6 personnes

Ingrédients

1,5 kg de filet de poulet
4 tomates
6 œufs
200 g d'emmental en morceaux
150 g de moutarde à l'ancienne
40 cl de crème
3 cuillerées à soupe d'estragon finement haché
1 brin de persil

Progression

Faire dorer dans un peu d'huile d'olive les filets de poulet au préalable finement escalopés, puis les égoutter à la passoire pour retirer l'excédent d'huile. Faire macérer dans la moutarde à l'ancienne. Réserver.
Dans un saladier, bien battre les œufs entiers et ajouter la crème. Continuer de battre la préparation jusqu'à obtenir une pâte onctueuse, à laquelle ajouter l'estragon.
Dans un plat beurré et fariné de 30 cm de diamètre, verser un peu de préparation. Etaler les filets de poulet. Ajouter l'emmental. Verser le reste de la préparation.
Recouvrir le tout de fines tranches de tomate, et décorer avec un brin de persil.
Faire préchauffer le four à 240°C pendant 15 minutes. Au moment de saisir le clafoutis, baisser le thermostat à 180°C.
Faire cuire entre 35 et 45 minutes. Piquer avec un couteau, si la pâte n'accroche pas, c'est prêt !
Servir avec un méli-mélo de salade et de radis finement tranchés.

LA VOUTE
CHEZ LEA

Une discrète enseigne noir et blanc voisine sereinement avec une douce Vierge en pierre grise. Accoudée à la Saône, *La Voûte – Chez Léa* marque Lyon de son empreinte gastronomique depuis plus d'un siècle déjà.

L'histoire commence simplement. A la fin du XIXe siècle, un petit établissement s'installe dans le renfoncement de la place Antonin Gourju adossée au Quai des Célestins. Point de cochonnailles ni de spécialités lyonnaises ici, mais de la choucroute, encore et toujours plus de choucroute, ce qui est on ne peut plus normal pour des propriétaires alsaciens.

La seconde guerre mondiale et son lot de tourmentes amènent Léa Bidaut à reprendre en 1942 les lieux. A l'instar de ses consœurs, la Mère Léa appartient à cette première génération de femmes – heureuses – victimes des législations salariales forçant tout employeur à verser un salaire à son personnel. Obligée de quitter la maison dans laquelle elle sert, Léa débute modestement dans divers restaurants avant de pouvoir, talent et huile de coude obligent, racheter sa propre affaire.

Personnage charismatique, la Mère s'impose rapidement comme une des figures de Lyon. Renonçant progressivement à la choucroute, elle régale sa clientèle de délicieux tabliers de sapeur et de savoureux poulets au vinaigre.

Peut-être l'une des dernières mères aux fourneaux - avec Tante Paulette au Casse-Museau, celle-ci cède son affaire à l'actuel propriétaire en 1980.

Les saveurs sont depuis restées intactes, de même que la décoration du rez-de-chaussée, avec ses assiettes à la gloire du guignol et ses simples boiseries. Plus récents, d'élégants salons ont investi l'étage. Natures mortes, scènes de chasse et de festins ou bronzes animaliers voisinent chaleureusement, comme la promesse d'inénarrables repas…

La Voûte - Chez Léa
11 Place Antonin Gourju
04 78 42 01 33

JAMBONNETTE DE LAPIN AU BASILIC
pour 8 personnes

Ingrédients

8 cuisses de lapin
6 gousses d'ail hachées
6 échalotes hachées
1 gros bouquet garni
2 bouquets de basilic frais
1/2 l de vin blanc
2 c à soupe de moutarde
2 c à soupe de concentré de tomate
4 dl de crème liquide
Quelques g de fécule

Progression

Trousser les cuisses de lapin et les faire dorer à la sauteuse.
Faire suer ail et échalotes. Ajouter la moutarde, le concentré
de tomate, le bouquet garni et les tiges de basilic débarras-
sées de leurs feuilles. Saler, poivrer.
Mouiller au vin blanc et cuire une heure.
Retirer les jambonnettes.
Lier le fond de sauce avec un peu de fécule, monter à la
crème, passer à l'étamine.
Incorporer la moitié des feuilles de basilic émincées en fila-
ments et faire mijoter avec les jambonnettes pendant cinq
minutes.
Dresser les jambonnettes.
Napper de sauce passée à l'étamine et décorer avec les
feuilles de basilic restantes, également émincées en fila-
ments.

LE BISTROT
DU PALAIS

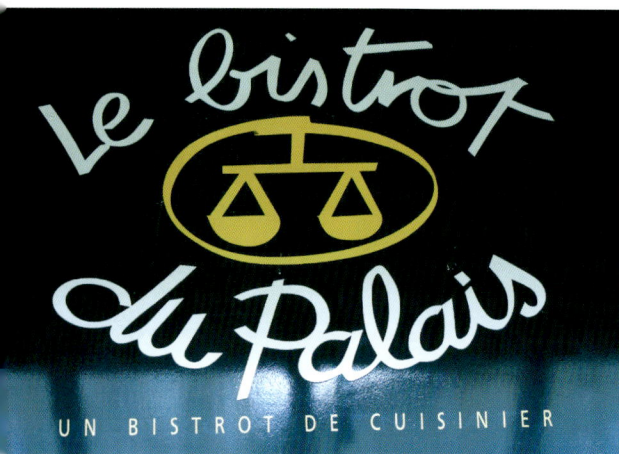

Quand l'art de la plaidoierie épouse l'art de la gastronomie… Situé en face du Palais de Justice, ce charmant bistrot aux accents 1900 accueille avocats, juges et procureurs depuis près de vingt ans déjà.

Situé dans la longue rue Duguesclin, un petit café y sert au début du siècle habitués et clients de passage. Maître par ci, Monsieur le Président par là, le petit troquet devient rapidement un lieu où l'on échange ses dernières impressions à la veille ou le lendemain d'une grosse affaire. Il est également un lieu de transition où victimes et bourreaux se côtoient dans une ambiance franchement camarade…

Le petit bistrot, repris par Jean Paul Lacombe, a vu sa physionomie évoluer : un élégant plafond peint fixé sous verre – issu d'une boulangerie parisienne – dans lequel se marient ciel bleu azur et ornementation florale habille dorénavant la pièce principale pour le plus grand bonheur des heureux clients, tandis qu'un étonnant ensemble de tableaux et de sculptures s'impose, tel un magistral réquisitoire, en l'honneur de l'art de la joute verbale. Un procureur enragé tente, dans une vibrante peinture début de siècle, de convaincre un auditoire légèrement passif, alors qu'un magistrat, comme fixé dans son ossature de bois peint, promène son regard sévère sur la salle des dîneurs.

De joyeuses céramiques aux notes maraîchères, de même qu'une sympathique collection de poêle à chauffer viennent, pour ceux qui l'aurait oublié, rappeler la destination actuelle des lieux : manger et boire avec gourmandise.

Le Bistrot du Palais
220, rue Duguesclin
69003 Lyon

BUGNES LYONNAISES
pour 4 personnes

Ingrédients

500 g de farine
70 g de sucre
1 pincée de sel
4 œufs
3 cl de Grand Marnier
40 g de beurre mou
Huile pour friture
Sucre glace

Progression

L'appareil doit être préparé la veille afin de reposer.
Dans la cuve d'un batteur muni d'un crochet, réunir la farine,
le sucre et le sel. Ajouter les œufs, le Grand Marnier et enfin
le beurre mou.
Travailler jusqu'à ce que la pâte soit homogène.
Réserver au frais pendant toute une nuit.
Faire chauffer l'huile à 170°.
Etaler très finement au rouleau des morceaux de cette pâte, la
découper en rectangles à l'aide d'une roulette cannelée. Les
faire revenir dans l'huile chaude.
Laisser refroidir et poudrer légèrement de sucre glace.

69004

LE CANUT ET LES GONES

Tic, Tac, Tic, Tac…

Le faible bruit d'une horloge berce les conversations enthousiastes des visiteurs attablés. Une guitare à l'effigie d'Elvis Presley, un paquet de gauloises, petites, rondes, carrées ou colorées, à pied ou suspendues, contemporaines ou des années 30, en forme de tout et rien, les horloges fourmillent dans le décor chaleureusement anachronique du « Canut et les Gones » où le temps ne passe jamais à la même allure.

Installé dans une annexe de la mairie de la Croix Rousse, l'endroit était autrefois une école, entourée de champs, dans laquelle venaient s'instruire les gamins du quartier. Transformé en bistrot au début des années 50, l'arcade qui permettait de passer de la mairie à l'école est alors bouchée. Les habitants du quartier de la Croix Rousse investissent alors les lieux, heureux de se retrouver autour d'un bon cru sorti de leur cave dans ce café porte-pot.

Devenu restaurant, l'endroit n'a rien perdu de sa simplicité, même si le propriétaire des lieux, arrivé il y a onze ans, a peu à peu totalement modifié le décor, au gré de ses amusantes trouvailles de chineur. Ici un escargot, là un moine à la mine franchement bonhomme, nombreuses sont les barbotines aux allures incroyables à trôner sur les étagères non loin d'une vieille boîte métallique de chocolat en poudre. Mélange des genres et des époques, mobilier et objets rythmant le décor sont aussi un voyage à travers le temps : des chaises des années 30 aux lignes symétriques côtoient de sympathiques affiches publicitaires des années 50, tandis que des bouteilles aux allures de pots lyonnais colorés ornent le plafond de la pièce principale et donne à l'endroit une atmosphère moderne et bigarrée.

Le Canut et les Gônes
29, rue Belfort
04 78 29 17 23

PAVE DE CABILLAUD AU JUS D'ORANGE ET ORIGAN FRAIS SUR LEGUMES DIVERS
pour 4 personnes

Ingrédients

4 pavés de cabillaud avec peau de 160g à 180g
1 cuillère à soupe d'huile d'olive
4 oranges
origan frais
fond de veau
1 poignée de fèves
1 poignée de pois gourmand
4 carottes
2 courgettes
eau de Vals
sel, poivre

Progression

Faire cuire les pavés de cabillaud posés sur la peau dans la poêle, avec de l'huile d'olive.
Les retourner et les mettre au four pour finir de les cuire 7mn environ. Il doivent être saisis et moelleux .
Réduire le fond de veau avec du jus d'orange pressée et de l'origan frais.
Cuire à la vapeur les légumes, carottes et courgettes coupées en petits tronçons.
Ajouter, pendant la cuisson, les pois gourmands et un peu d'eau de Vals afin d'alléger.
Servir chaque pavé entouré des petits légumes.

LE COMPTOIR DU MAIL

Niché au cœur de la Croix-Rousse, repaire des fameux Canuts, le Comptoir du Mail en serait le plus ancien bistrot.

C'est en 1910 que la famille Pellegrain installe au numéro 14 de la rue du Mail une table populaire où les habitants du quartier ont l'habitude de venir déguster à la bonne franquette les plats certainement cuisinés par la mère Pellegrain. Grands bancs, longues tables et vieux parquet, « tous les matins, l'express de Lyon est à cinq centimes », comme en témoigne un petit écriteau de l'époque encore visible aujourd'hui.

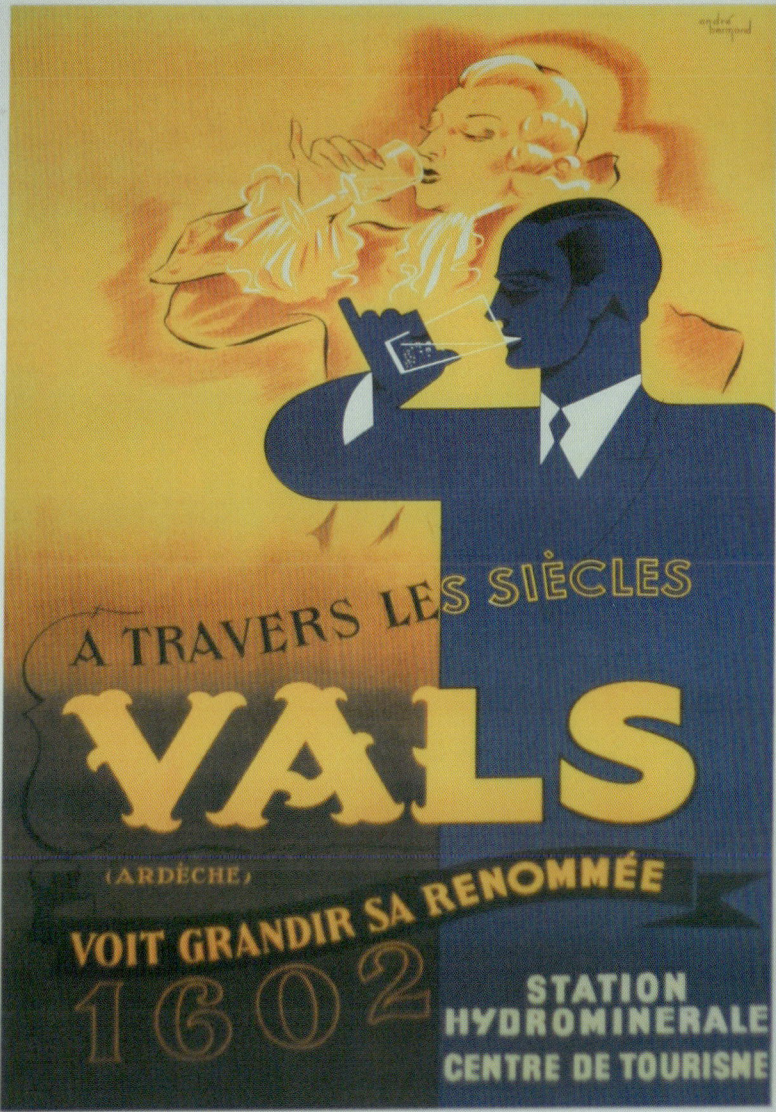

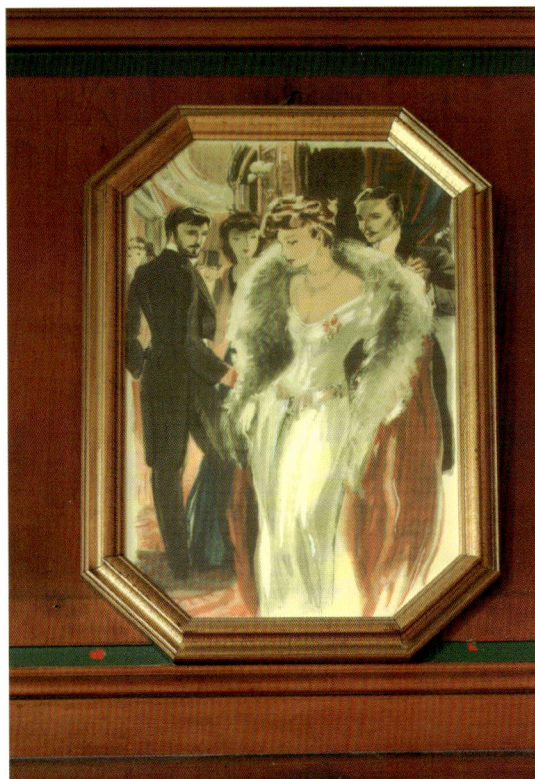

Le savoir faire se transmet de génération en génération, jusqu'à ce que la deuxième guerre mondiale mette un terme à l'aventure familiale.

Marchand de vin à partir de 1944, l'établissement vivote et menace de disparaître. Repris il y a vingt ans, la cuisine se remet en marche : tête de veau, quenelles sauce Nantua et tablier de sapeurs réinvestissent les lieux, pour le plus grand bonheur des habitants du quartier. Le bouchon retrouve enfin ses lettres de noblesse. Revenus à leurs premières amours après une étape dans les Ardennes, les actuels propriétaires prennent la direction de l'endroit à la fin des années 90 et le dénomment « Comptoir du Mail » en hommage aux joueurs de maille – de quille – qui sévissaient autrefois du matin au soir dans la rue alors en terre.

Byrrh, Morgon et autres vieilles réclames du début du XXe siècle ornent toujours les murs de cette grande pièce carrée simple comme une sympathique salle à manger. Si une partie du décor a été modifiée, l'ambiance de bouchon et la clientèle composée d'amoureux de la traditionnelle cuisine lyonnaise n'a pas changé.

Le Comptoir du Mail
14, rue Mail
04 78 27 71 40

CUISINE DE MÉNAGE
VIE DE FAMILLE
S'ADRESSER ICI

ESCALOPE DE FOIE GRAS POELEE AUX POIRES MARINEES AU BEAUJOLAIS
pour 4 personnes

Ingrédients

600 g de foie gras
250 g de tagliatelles fraîches
1 verre de vin moelleux
40 cl de jus de viande
8 tomates cerises
1 litre de Beaujolais
300 g de sucre
1 pincée de cannelle
Sel et poivre
3 poires (Conférence ou Williams)
1/2 botte de cerfeuil
1/2 botte de persil plat

Progression

La veille, faire chauffer le Beaujolais avec le sucre et la cannelle. Rajouter ensuite les poires épluchées et coupées en quartiers. Laisser cuire.
Cuire les pâtes fraîches . Y rajouter un peu de beurre et d'huile . Réserver au chaud
Couper des tranches d'un centimètre d'épaisseur de foie gras cru. Faire bien chauffer sans matière grasse une poêle à fond épais. Poêler les escalopes 30 secondes de chaque côté. Assaisonner avec du sel et du poivre, réserver au chaud. Déglacer votre poêle avec le vin moelleux et le jus de viande, laisser réduire 1 mn environ.
Dresser : placer les tagliatelles au centre, les poires et les tomates cerises autour en les intercalant. Placer les escalopes de foie sur les pâtes. Passer les assiettes une minute au four. Au moment de servir, napper de sauce.
Décorer avec une feuille de cerfeuil ou de persil plat.

69005

LES ADRETS

Un cavalier du Moyen Age strictement vêtu d'une lourde armure toise fièrement les badauds égarés dans cette célèbre ruelle du Vieux Lyon, la rue du Bœuf. Telle est l'enseigne du restaurant « Les Adrets » dont le nom évoque le versant éclairé de la montagne, et pourquoi pas ici celui de la colline de Fourvière sur lequel il est perché.

Hommage aux anciennes amours du nouveau propriétaire, « les Adrets-le Tirecul » est le véritable nom du restaurant, le chemin menant aux « Retrouvailles » – bouchon où le chef exerçait auparavant – s'appelant en effet ainsi.

Si la rumeur laisse entendre que le numéro 38 de la rue du Bœuf était auparavant l'un des rares cafés-charbon du Vieux Lyon, c'est surtout le passé de traboule qui a marqué l'histoire de ce lieu. Reconverti en restaurant, l'établissement n'a rien renié de son passé de passage secret. Les voûtes en pierre, cachées à l'extérieur par la façade rouge du restaurant, le large et majestueux pilier aux volutes Renaissance qui trône au centre de la salle, et la cour intérieure – aujourd'hui couverte – ont été conservés. Les habitants de l'immeuble, dont les reflets rosés sont à l'image des bâtiments de la rue, n'hésitent pas à venir emprunter l'étroit escalier en colimaçon discrètement caché au fond du restaurant pour rentrer chez eux.

Ouverte sur la cour aux pavés biscornus et patinés par le temps, la cuisine du chef s'offre à la vue des convives et curieux qui ont préféré la douceur d'un dîner au clair de lune à l'intime chaleur des bougies se reflétant sur les murs en pierre de l'intérieur. Touche finale à ce décor authentique, quelques angelots sculptés trônent ici et là, clin d'œil innocent à l'atmosphère romantique émanant des lieux.

Les Adrets
30, rue du Bœuf
04 78 38 24 30

SOUPE DE PECHES POCHEES
pour 4 personnes

Ingrédients

8 pêches jaunes ou blanches bien mûres
500 g de sucre semoule
2 citrons coupés en quatre
2 oranges coupées en quatre
1 bâton de cannelle
2 bâtons de vanille fendus en deux
20 g de poivre noir
10 g de coriandre en graines
2 clous de girofle
1 sachet de tilleul et de verveine
5 feuilles de basilic
10 feuilles de menthe entières
1/2 bâton de réglisse

Progression

Prendre un litre d'eau, ajouter tous les ingrédients, sauf les pêches.
Porter à ébullition, sortir du feu, au bout de 10mn, retirer les sachets de tilleul et de verveine et laisser refroidir.
Couper les pêches en quartiers avec leur peau et les mettre dans un saladier au réfrigérateur.
Passer le sirop au chinois ; faites-le bouillir et versez-le sur les pêches de façon à les ébouillanter ; laisser refroidir
Placer dans le réfrigérateur pour servir la soupe bien froide.

CHEZ MIMI

Vins, bières, et casse-croûtes peut-on lire en lettres claires sur la discrète porte vitrée de ce bouchon lyonnais. Niché au cœur de la rue Saint-Jean, l'une des plus curieuses du Vieux Lyon, à deux pas de la célèbre cathédrale Saint-Jean-Baptiste où le mariage d'Henri IV et Marie de Médicis fut célébré, le café comptoir Chez Mimi compte parmi les lieux incontournables de la capitale des Gaules.

Abritant autrefois une boucherie, l'endroit à gardé quelques traces de ses premières amours : un comptoir en bois châtain – sur lequel la « maîtresse » de maison comptait certainement sa caisse – trône au centre de la salle. Quenelles et cervelles des canuts, pieds de porc et tête de veau ? Autant de spécialités lyonnaises que renfermait certainement l'illustre frigidaire de l'ancien commerce, encore visible aujourd'hui.

Le café casse-croûte devient ainsi l'un des lieux de retrouvailles incontournables du quartier : les uns viennent y boire un verre de Côtes du Rhône accoudé au sympathique comptoir orné de naïfs paysages, tandis que les autres, peut-être simplement venus y passer un coup de téléphone – le vieux combiné métallique accroché au mur permet quoi qu'il en soit de le penser –, se laissent happer par la convivialité des lieux.

Aux fourneaux de ce qui est aujourd'hui un véritable bouchon lyonnais, l'inénarrable Mimi, figure emblématique du quartier, régale les amoureux de la cuisine lyonnaise et amuse habitués et petits nouveaux dans son restaurant où l'on retrouve depuis quelques décennies l'atmosphère chaleureusement familiale emblématique des bouchons.

Chez Mimi
68, rue Saint Jean
04 78 38 09 34

SOUPE DE TOMATES FRAICHES AU MELON
pour 6 personnes

Ingrédients

1 ,2 kg de tomates
2 oignons
1 gousse d'ail
1 cuillère à soupe de moutarde
3 cuillères à soupe de vinaigre balsamique
1 bouillon cube de volaille
6 prunes
1 melon
1 botte de basilic

Progression

Faire revenir dans l'huile d'olive les oignons, les prunes, l'ail pilé, la moutarde, le vinaigre balsamique et un bouillon cube de volaille.
Pocher les tomates, les peler et les épépiner.
Mixer le tout.
Servir avec des petites boules de melon et un peu de basilic finement ciselé.

LE COMPTOIR
DU BŒUF

Un paisible bœuf trône fièrement sur le rebord d'un mur. Surplombant les maisons, le sympathique herbivore contemple du coin de l'œil les passants s'engager Place Neuve Saint Jean.

La statue en ronde bosse de l'animal sculpté à la fin du XVIe siècle a donné son nom à la rue – même si l'histoire raconte qu'il s'agirait en réalité d'un taureau représentant à l'époque les armoiries d'une famille italienne dénommée Torelli. A l'angle de cette ruelle – l'une des plus anciennes du Vieux Lyon, réputée pour ses innombrables échoppes, plus de 150 – connues pour renfermer des métiers à tisser, apparaît le Comptoir du Bœuf en 1982.

Crée par Philippe Chavent, le chef étoilé de la Tour Rose, ce bar à vin est sans doute l'un des plus anciens de Lyon. Soucieux de donner naissance à un lieu aussi simple que raffiné, le cuisinier a tout mis en œuvre pour que l'élégance du décor soit à la hauteur de la carte.

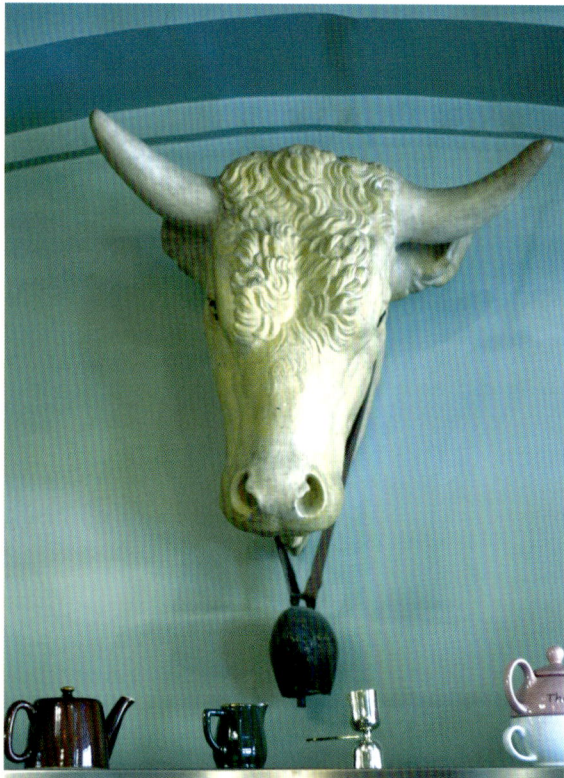

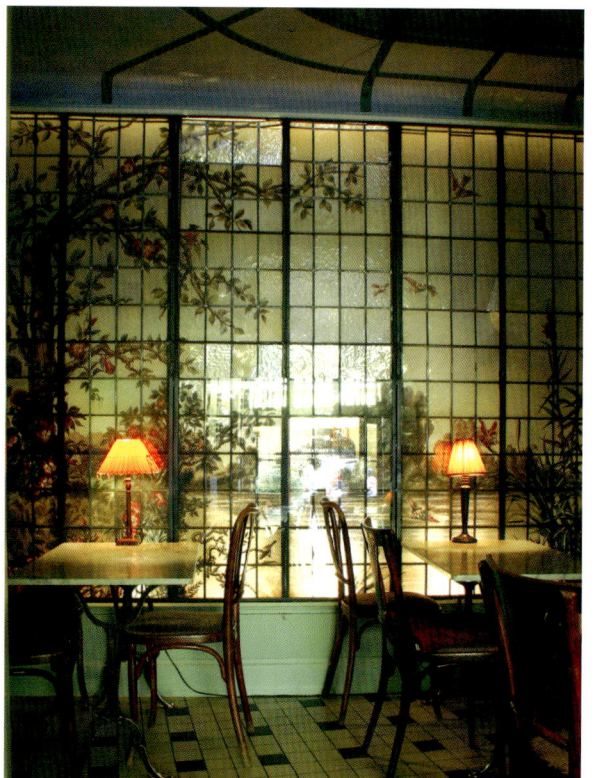

Verrière ornée de feuilles et de délicates fleurs grimpant sauvagement le long des murs, moulures et guirlandes dorées à la feuilles et couleurs chatoyantes rythment l'espace. Couchers de soleil à la manière de l'anglais Turner et paysages arborés ornent le plafond, laissant aux convives un instant rêveurs la possibilité de s'évader.

Peintures ocres aux allures florentines, étains et miroirs viennent égayer le bar, tandis que d'espiègles angelots dorés se prélassent çà et là. Trônant sur les frontons des étagères derrière le comptoir, les chérubins effrontés semblent inviter les heureux convives à déguster l'un des grands crus de l'incroyable cave – elle compte plus de 35 000 bouteilles – du Comptoir.

Le Comptoir du Bœuf
22, rue du Bœuf
04 78 92 69 27

TOMATES FARCIES AUX ESCARGOTS ET PATES FRAICHES AU BASILIC
pour 4 personnes

Ingrédients

Beurre d'escargot
125 g de beurre
2 anchois
2 noix
15 g de persil haché
1 zeste de citron
2 gousses d'ail, 2 échalotes
1 cuillerée à café de Pastis
Tomates
4 tomates bien fermes
Basilic
Pâte feuilletée
30 escargots
Pâtes
1/2 verre de Porto
2 échalotes, 1 gros bouquet de basilic
Beurre
Pâtes fraîches
3 cuillerées à soupe de crème double

Progression

Préparer le beurre d'escargot : hacher finement les éléments, puis rajouter le beurre et le Pastis. Vérifier l'assaisonnement. Emonder les tomates en les incisant sur le dessus et en ôtant les pédoncules à l'aide d'un couteau. Les plonger 30 secondes dans l'eau, les rafraîchir, les éplucher. Découper un chapeau sur le dessus de la tomate, les vider de leurs pépins à l'aide d'une cuillère. Mettre une cuillerée de beurre dans chaque tomate, puis les escargots, et recouvrir de nouveau de beurre. Rajouter sur le dessus un peu de basilic ciselé.
Découper 4 ronds de pâte feuilletée de 1 cm supérieur aux chapeaux des tomates. Recouvrir chacune d'elles d'un rond de pâte. Mettre dans un four à 250°C et laisser cuire 10 mn.
Les pâtes : dans une sauteuse, faire fondre une noix de beurre, rajouter les échalotes hachées, les faire revenir sans coloration. Déglacer avec le Porto, faire réduire, rajouter la crème, porter à ébullition. Hors du feu, rajouter le basilic ciselé.
Cuire les pâtes al dente. Les égoutter et les mélanger à la sauce. Vérifier l'assaisonnement. Dresser.

LA COUR
DES LOGES

Il était une fois quatre maisons Renaissance…

Construites aux XVe et XVIe siècle alors que Lyon prospère grâce à ses foires commerciales, les quatre bâtiments des numéros 2,4, 6 et 8 de la rue du Bœuf sont alors destinés aux nombreux banquiers, marchands et imprimeurs installés dans cette ville riche où le roi de France et sa cour séjournent régulièrement. Loges à la florentine, sobriété du style, les italiens, très présents à Lyon à l'époque, ont fortement inspiré l'architecture des lieux.

Repris pour son usage personnel par Claude de Beaumont, Seigneur de Bourgogne, ce dernier cède les bâtiments 2, 4 et 6 au XVIIe siècle aux Jésuites – des galeries et un escalier monumental sont alors construits – qui ouvriront plus tard un collège dans ce qui est aujourd'hui l'annexe de la mairie du 5e arrondissement.

La révolution confisque les biens de l'Eglise et exproprie les jésuites, l'industrialisation progresse dans la ville, le tissage n'est plus la préoccupation principale des Lyonnais qui se désintéressent du Vieux Lyon, et les maisons abritées dans le majestueux ensemble en pierres roses et jaunes de la Cour des Loges sont louées.

La noblesse et la haute bourgeoisie s'en vont vers la presqu'île, le quartier se paupérise et la Cour des Loges est livrée à elle-même, se dégradant peu à peu.

Eveillée progressivement au début des années 80 – à l'image du Vieux Lyon qui a échappé in extremis à la démolition – la Cour des Loges est alors restaurée. Une étroite porte relativement anodine ouvre sur un long couloir amenant le visiteur éberlué dans la majestueuse cour intérieure de ce splendide bâtiment haut de plusieurs étages au décor insoupçonnable. Résolument moderne – des fauteuils noirs légèrement japonisants meublent le restaurant dominé par des matières métalliques et du bois foncé, tandis que des tableaux abstraits et des photographies noir et blanc ornent les murs – le style de la décoration intérieure contraste merveilleusement bien avec le passé Renaissance de l'architecture. Entre passé et présent, la Cour des Loges est aujourd'hui connue pour son élégance et attire des visiteurs venus du monde entier – un des sommets du G7 s'est récemment tenu dans ce joyau de l'architecture lyonnaise.

La Cour des Loges
6, rue du Bœuf
04 72 77 44 44

POT DE CREME AU POIVRE DE SECHUAN ET SA MOUSSE AU CASSIS EN VERRINE
pour 10 personnes

Ingrédients

Pots de crème
1 l de lait
1 l de crème
16 jaunes d'œuf
350 g de sucre
5 g de poivre de séchuan
1 zeste citron vert

Mousse Cassis
400 g de pulpe de cassis
200 g de sucre
30 g de péctine
3 feuilles de gélatine
100 g de crème

Progression

Pour les pots de crème, faire chauffer le lait et la crème, infuser le poivre de séchuan et le zeste de citron pendant quelques minutes.
Mélanger les jaunes d'œuf et le sucre à l'aide d'un fouet et verser l'infusion par dessus.
Remplir les verrines à moitié puis les cuire au four dans un bain-marie pendant environ 30 mn puis laisser refroidir.
Pour la mousse de cassis, faire ramollir la gélatine dans un bol d'eau froide et monter la crème en chantilly.
Faire chauffer le cassis, ajouter la pectine préalablement mélangée au sucre puis la gélatine.
Laisser refroidir une minute, puis incorporer délicatement la crème montée.
Garnir de crème le fond de la verrine, puis étaler la mousse par-dessus.
Mettre au froid quelques heures avant la dégustation

LA
TOUR ROSE

Une imposante et austère façade en pierre rose, matériau de construction privilégié du Vieux Lyon, dissimule avec élégance ce lieu extravagant au riche passé.

Tandis que la deuxième ville de France, concentrée en ce temps-là à l'ouest de la Saône, traverse un Moyen Age florissant, notables, aristocrates et bourgeois s'adonnent avec passion à un sport alors très en vogue : le jeu de paume. L'endroit, à ciel ouvert, aurait ainsi accueilli ces distingués joueurs – le divertissement devint rapidement le « Jeu des Rois » – jusqu'à la fin du XVIIIᵉ siècle. Molière, à la recherche d'un vaste espace de qualité, y aurait dit-on représenté, de passage à Lyon, une de ses savoureuses comédies.

Les modes changent, le jeu de paume disparaît progressivement – au profit du jeu de raquette – le terrain se voit donc racheté à la fin du XVIIIᵉ siècle par un particulier qui y construit une élégante maison de maître, utilisant la chau-de-pierre des environs.

En 1930, la belle demeure voit son destin brutalement bouleversé : l'éboulement de la colline de Fourvière détruit une partie de la ville et cause d'innombrables blessés.

A la recherche d'un lieu central de vaste taille, les Sœurs de Sainte Blandine s'installent alors dans l'édifice pour y soigner les victimes.

Il faut attendre les années 70 pour que Philippe Chavent, jeune chef, s'empare de cet étonnant ensemble pour le métamorphoser en maison d'hôte de luxe – restaurant gastronomique. Sa sensibilité artistique l'amenant à rencontrer les avant-gardes de tout bord, la Tour Rose devient vite un lieu de rendez-vous incontournable pour la scène artistique européenne.

Les heureux visiteurs ont alors la chance d'y croiser l'artiste Erik Dietman – une de ces étonnantes sculptures située dans le bar contiendrait ses cendres – où encore quelques jazzmen invités pour de mythiques concerts… Heureux témoins de ce défilé incessant, les murs sont ainsi remplis des « souvenirs » acquis ou reçus par le distingué maître des lieux, lesquels voisinent avec les vieux sols en pierre noire et blanche ou les chaudes poutres apparentes.

La Tour Rose
22, rue du Bœuf
04 78 92 69 10

FONDS D'ARTICHAUT AU FOIE GRAS, LANGOUSTINES ROTIES, FONDUS D'ECHALOTES AU CERFEUIL ET AU VINAIGRE BALSAMIQUE
pour 4 personnes

Ingrédients

4 gros fonds d'artichauts
1 foie gras frais entier (d'environ 400 à 500 g)
20 langoustines moyennes
50 g d'échalotes
1 jus de citron
1 bouquet de cerfeuil
20 g de beurre
2 dl de fond blanc
1 cuillerée de glace de viande (facultatif)
Vinaigre balsamique
Sel et poivre

Progression

Faire tourner les artichauts et les citronner aussitôt. Faire bouillir de l'eau et y diluer un peu de farine. Rajouter la valeur de deux jus de citron et saler. Mettre les fonds d'artichauts à cuire environ 20 minutes.

Pour la sauce, faire chauffer le beurre dans une petite sauteuse et mettre les échalotes finement ciselées à suer. Mouiller avec le fond blanc et laisser réduire de moitié. Rajouter le jus de citron, le cerfeuil haché, éventuellement la glace de viande, assaisonner et réserver la sauce au chaud.

Couper de larges escalopes de foie gras et à l'aide d'un emporte-pièce découper des ronds d'un diamètre légèrement supérieur à l'artichaut.

Décortiquer les langoustines et les sécher, les faire poêler dans un peu d'huile d'olive en prenant soin de les colorer uniformément de chaque côté.

Durant cette opération, faire chauffer une poêle sans aucune matière grasse et faire revenir vivement les ronds de foie gras préalablement assaisonnés. Réchauffer les fonds d'artichauts, remettre la sauce à chauffer et rajouter une noisette de beurre frais.

69006

BRASSERIE DES BROTTEAUX

La nouvelle gare des Brotteaux vient à peine de voir le jour que s'installe juste en face, en 1913, un café Art Nouveau. Trônant fièrement à l'angle de la Place Jules-Ferry et de la rue Juliette Récamier, l'établissement niché dans un immeuble construit par les architectes Vilboeuf et Bobenrieth accueille alors une population à l'image du quartier : diverse et variée. Voyageurs en partance, artisans des environs et notables affairés aiment à s'y retrouver pour boire un verre de beaujolais autour du comptoir en bois sculpté.

Peu de temps après son ouverture, les lieux connaissent une agitation intense. Mêlé au tourbillon qui agite la gare des Brotteaux pendant la première guerre mondiale – les blessés qui transitaient par Lyon avant de séjourner en Suisse y arrivaient –, l'endroit a certainement été le théâtre de nombreuses émotions.

Si les familles de propriétaires se succèdent tout au long du XXe siècle le décor est quant à lui resté intact : à l'intérieur, les longues tiges de roses multicolores s'entrelacent sur des céramiques tandis que lambris en chêne et miroirs ponctuent le décor de cet établissement à l'allure parisienne. Volutes, fleurs et feuilles courent au-dessus des portes, tandis que de délicats boutons entourés de feuillage grimpent le long du pilier central.

A l'extérieur, la marquise repose sur des consoles en fer forgé aux allures de féroces dragons.

Transformée en salle des ventes, la gare reprend vie au début des années 90 : les collectionneurs s'y pressent avant d'aller déjeuner sur la terrasse de la désormais très connue Brasserie des Brotteaux, où ils croiseront, c'est presque certain, une star du cinéma ou de la chanson, et peut-être même un réalisateur, rêvant lui aussi de s'approprier ce petit bijou Art Nouveau pour y tourner son prochain film.

La Brasserie des Brotteaux
1, Place Jules Ferry
04 72 74 03 98

EMINCE DE POIRE DE BOEUF SAUCE SAINT MARCELLIN
pour 1 personne

Ingrédients

1 poire de bœuf (morceau du boucher)
10 g de beurre
2 échalotes ciselées
1/2 oignon
1 verre de Mâcon ou vin blanc équivalent
10 cl de fond de veau
10 cl de crème liquide
2 Saint Marcellin
Sel et poivre

Progression

Saisir la poire de boeuf de tous les côtés. Cuire selon la cuisson désirée, de préférence saignante. Laisser reposer 1/2h avant de servir.
Pour la sauce Saint Marcellin : faire revenir au beurre sans coloration oignons, échalotes ciselées. Déglacer avec le vin, faire réduire à sec. Ajouter le fond de veau, faire réduire. Ajouter la crème liquide, faire bouillir puis ajouter les Saint Marcellin coupés en cube.
Faire reprendre l'ébullition pour le faire fondre.
Emulsionner avant de servir au mixer pour avoir une sauce mousseuse.
Repasser la poire de boeuf à la poêle puis l'émincer.
Dresser en nappant de sauce Saint Marcellin.

CAZENOVE

Un flûtiste aux allures d'Apollon, vêtu d'un simple drap lui recouvrant les hanches, souffle délicatement dans son frêle instrument. Plus loin, une charmante nymphe a délaissé sa lyre, la rejetant fiévreusement de sa main gauche pour se précipiter dans les tourments de la vie et de l'amour.

Un véritable tourbillon de bronzes saisit d'emblée le visiteur pénétrant chez Cazenove, l'étonnante adresse gourmande créée par Pierre Orsi. Odes à la nature, odes aux saisons, odes à la musique, odes à la passion, cent et une sculptures viennent ici dialoguer avec les banquettes en moleskine rouge patinées par les clients, les murs de brique aux accents new-yorkais et les verres gravés de délicates arabesques.

Hommage au sculpteur français du XVIIᵉ Pierre-David Cazenove, simple tribut à la rue qui abrite l'établissement ou passion du maître des lieux ? Le surprenant résultat relève probablement un peu des trois....

De style baroque, classique ou rococo, ces délicates figures animales et humaines qui peuplent les lieux, tantôt maniérées, tantôt apaisées, sont comme un délicieux cours d'histoire de la sculpture à travers les âges.

Eclairées de vieux lustres dorés et sculptés, quelques faïences polychromes aux accents italiens créées pour le chef sont posées au bord des murs, tandis qu'une frise aux motifs floraux galope, telle une herbe folle, tout le long du restaurant.

Pour le plaisir des yeux… et des papilles, grâce aux savoureuses recettes créées par un chef à l'imagination intarissable.

Le Cazenove
75, Rue Boileau
04 78 89 82 92

ONCTUEUX DE MELON AUX COPEAUX DE JAMBON IBERIQUE
pour 4 personnes

Ingrédients

2 gros melons
1 jus de citron
1/4 l de vin blanc moelleux
200 g de sucre cuit
200 g de blanc d'œuf
1/4 l de crème fouettée
30 g de gélatine

Progression

Mixer la chair des melons et incorporer le jus de citron.
Faire fondre la gélatine ramollie dans le vin chaud.
Verser le vin tiédi dans l'appareil et laisser reposer une demi-heure.
Monter les blancs en neige et incorporer doucement le sucre cuit. Incorporer délicatement cette meringue dans l'appareil puis ajouter la crème fouettée. Bien lisser l'appareil.
Mettre au réfrigérateur pendant deux heures avant de servir.

Dresser : couper de fines tranches de jambon cru. Avec une cuillère à glace, faire trois belles boules de mousse de melon au centre de votre assiette froide ; poser les copeaux de jambon autour. Servir immédiatement.

L'EST

« 1920, Direct Istanboul ; Paris-Istanboul, 3.034 Km ». Cette énigmatique pancarte suspendue dans L'Est laisse imaginer ce à quoi pouvaient ressembler les réclames de la Gare des Brotteaux au début du XXe siècle. Nichée au cœur de l'ancienne station, la brasserie accueille aujourd'hui les gourmands pour un voyage davantage… gastronomique.

Edifiée entre 1905 et 1908, ce véritable joyau d'architecture Art Nouveau fut la première gare de Lyon, bien avant que la gare de Perrache et la gare de la Part Dieu ne voient le jour. Ses élégantes structures en acier vert, son imposante toiture et son immense salle des pas perdus en faisaient alors l'un des fleurons de la ville, de même qu'une véritable vitrine pour le rayonnement de Lyon en France et à l'étranger.

Venue d'Amérique avec plus de 1 300 de ses sœurs de rail, la 141 R 420 a participé, dans l'ombre, à la reconstitution du pays à la Libération.

S.N.C.F.
141.R.939

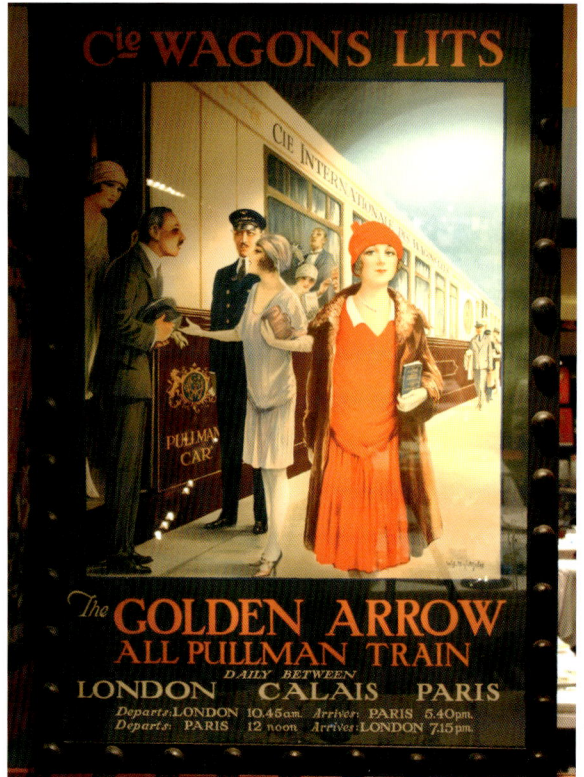

Cie WAGONS LITS

The GOLDEN ARROW
ALL PULLMAN TRAIN
DAILY BETWEEN
LONDON   CALAIS   PARIS
Departs LONDON 10.45am. Arrives PARIS 5.40pm.
Departs PARIS 12 noon Arrives LONDON 7.15pm.

Si celle-ci connut son heure de gloire pendant la première guerre, alors que soldats et blessés arrivant du front par la Suisse y transitaient avant d'être dirigés vers les hôpitaux lyonnais, la construction de ses deux rivales, plus à même d'accueillir le flot de voyageurs et les trains issus des dernières générations, ont entraîné un déclin progressif de son activité. L'arrivée du TGV, au début des année 80, vint ainsi mettre un terme à près de quatre-vingt ans de bons et loyaux services. Sept entreprises, au nombre desquelles Paul Bocuse, ont entrepris de redonner un peu de sa jeunesse à ce morceau de patrimoine lyonnais.

Vieilles affiches de film, ou réclames, locomotives sous verre, la décoration de la brasserie replonge le visiteur dans ces épiques voyages du début de siècle en voisinant, ici et là, avec quelques notes contemporaines – une lampe rouge tomate, un long bar de bois brut épuré.

Sifflets de controleurs et hurlements des machines à vapeur sont depuis remplacés... par le sympathique brouhaha des convives.

L'Est
14, Place Jules Ferry
04 37 24 25 26

CARPACCIO D'ANANAS VICTORIA AU CITRON VERT
pour 4 personnes

Ingrédients

2 ananas Victoria
25 cl d'eau
250 g de sucre
2 gousses de vanille
Le jus de 4 citrons verts
7 cl de Malibu
1 cuillère à soupe de zestes de citron vert confit émincés en filament
1 cuillère à soupe de gingembre confit émincé en filament
1 cuillère à café de baies roses
4 boules de sorbet à l'ananas
100 g de poudre de coco râpé

Progression

Préparer le sirop en portant à ébullition l'eau et le sucre avec les gousses de vanille fendues dans le sens de la longueur. Laisser refroidir, ajouter le jus de citron vert, le Malibu et les baies roses. Réserver.
Eplucher l'ananas et le tailler en tranches très fines. Les faire mariner 24 heures dans le sirop, elles deviennent transparentes.
Faire confire le zeste de citron vert dans un peu de sirop.
Egoutter les tranches d'ananas, les répartir sur chaque assiette. Parsemer de julienne de zeste de citron vert confit, de julienne de gingembre confit, arroser d'un peu de marinade, ajouter quelques baies roses puis au centre une boule de sorbet à l'ananas.

LE THEODORE

Quelques élégantes vêtues « à la mode de Paris » tiennent leur « journal des demoiselles » dans la charmante petite salle de derrière. Telle est la vie affriolante dépeinte par les gravures qui ornent les murs du petit salon du Théodore, et peut-être celle des femmes du quartier des Brotteaux à la Belle Epoque.

Longtemps resté un petit commerce offrant aux amoureux des produits lyonnais des exemples réjouissants de saucissons et autres quenelles de brochet, l'endroit est transformé en restaurant à la fin des années 80. Certainement inspirés par l'architecture de la gare des Brotteaux toute proche et ses immeubles Art Nouveau avoisinants et passionnés par le charme kitsch légèrement décadent de la vie parisienne du début du siècle, les nouveaux propriétaires font du restaurant un haut lieu du style Art Nouveau.

Ode à l'élégance et à la féminité, des fresques à la manière de Mucha ornent les murs de la salle principale. Printemps, été, automne, et hiver, épicuriennes et malicieuses, les quatre muses légèrement dévêtues symbolisant chacune une saison conduisent les messieurs à de douces rêveries. Perchés sur d'étroites étagères, des bustes de femmes en bronze viennent rythmer le décor de la salle auxquelles les banquettes en velours rouges et le plafond orné de stuc donnent définitivement un air de brasserie parisienne dans laquelle Mistinguett ou Diane de Pougy aurait pu venir souper.

Après dix ans à la Brasserie Georges, Robert Perret, rachète l'endroit à la fin des années 90. Clin d'œil au passé de l'endroit, le rouge de la façade a été conservé, tandis que le jardin désormais recouvert d'une verrière ajoute un charme pittoresque aux lieux.

Le Théodore
34, Cours Franklin Roosevelt
04 78 24 08 52

RAVIOLIS DE HOMARD AUX MORILLES ET CHAMPIGNONS
pour 4 personnes

Ingrédients

Pâtes à raviolis chinois
50 g de morilles déshydratées
500 g de champignons pieds coupés
1 homard canadien de 300 à 400 g
30 cl de crème épaisse
25 cl de crème fleurette
Huile d'olive
Sel gros, sel fin, poivre

Progression

Cuire le homard dans l'eau bouillante pendant 10 mn et le laisser refroidir.
Mettre les morilles à tremper dans de l'eau tiède. Faire une duxelles avec les champignons puis mettre dans une casserole la crème épaisse, la faire bouillir, et incorporer les champignons hachés ; faire cuire jusqu'à évaporation complète de l'eau. Réserver dans un saladier.
Trier les morilles, les mettre à cuire dans l'eau de trempage largement salée pendant 10 mn. Les égoutter et faire réduire le jus de cuisson jusqu'à sec, mettre la crème fleurette et faire cuire jusqu' à ce qu'elle épaississe. Réserver au chaud.
Décortiquer le homard et partager la chair en huit parts égales, puis mélanger les morilles à la duxelles.
Prendre un carré de pâte, y mettre une bonne cuillerée de mélange tout en laissant un bon cm tout autour. Poser une part de chair du homard au centre, puis passer de l'eau au pinceau sur la pâte et poser un autre carré par-dessus ; fermer en appuyant pour chasser l'air ; ainsi, huit fois.
Pocher les raviolis avec une cuillerée à soupe d'huile d'olive dans de l'eau légèrement salée pendant 5 mn en retournant de temps en temps. Les égoutter sur un torchon.
Servir deux par assiette recouverts de sauce.

69007

LE PASSETOUTGRAIN

Caché à l'ombre de l'avenue Jean Jaurès, un charmant petit bistrot aux allures de brocante égaie avec gourmandise le quartier de la Guillotière.

Au début du XXᵉ siècle déjà, un petit café ouvre ses portes au 29 de la rue Saint-Michel. Artisans et ouvriers, traditionnellement installés dans ce quartier populaire – à l'instar de la Croix Rousse – s'y retrouvent pour discuter, disputer quelques parties de billard, manger un morceau et boire quelques verres de savoureux Beaujolais ou Côtes du Rhône.

Différents propriétaires se succèdent avant que les lieux ne soient rachetés en 1980 par le dernier occupant en date. L'endroit est alors rebaptisé Le Passetougrain, en l'honneur du gouleyant nectar du même nom. Chineur-né, le nouveau maître des lieux a conservé les plafonds, sols et murs d'origine – récemment repeints dans de douces tonalités vert et crème. Il y a par ailleurs amoncelé un délicieux bric-à-brac donnant à l'endroit des allures de « comme chez soi » un rien baroque.

Comme pour recréer un Lyon miniature, un ensemble de plaques de noms de rue ornent les murs et permettent peut-être aux fidèles des lieux de désigner leur table préférée : « je voudrais réserver la Saint Gervais, à défaut je prendrais la Place de la République… ». Transistors de collection, plaques de réclames émaillées, vieilles balances et casseroles jouent joyeusement du coude dans le reste du restaurant au milieu de vieilles affiches empreintes d'humour et de quelques gravures XIXe. Le tout arrosé de quelques bonnes bouteilles… de Passetougrain.

Le Passetoutgrain
29, rue Saint-Michel
69007 Lyon
Tel : 04 72 71 46 05

FONDANT AU CHOCOLAT
pour 4 personnes

Ingrédients

250 g de chocolat
250 g de beurre
200 g de sucre en poudre
25 cl d'eau
6 œufs
Crème anglaise

Progression

Faire fondre le chocolat et le beurre au bain-marie.
Incorporer les 6 œufs battus en omelette, puis le sucre en sirop. Bien remuer le tout.
Remplir le tout dans un moule à manqué.
Passer au four chaud 20 à 25 mn à 160°C.
Servir tiède avec de la crème anglaise

69009

L'OUEST

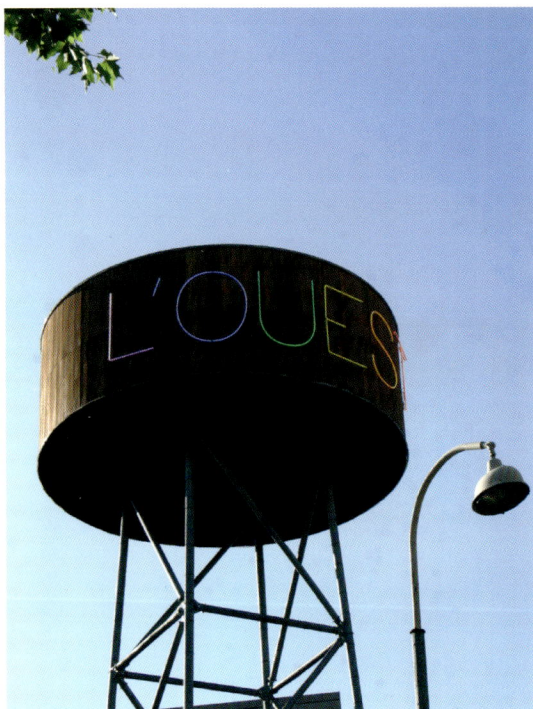

Posé le long de la Saône, un restaurant au design résolument contemporain accueille ses convives pour un voyage culinaire vers des destinations exotiques.

Situé dans la zone de Vaise, L'Ouest participe au renouveau de ce quartier tombé depuis quelques décennies en désuétude. Importante zone d'activité industrielle au XIXe siècle, le coin accueillait alors une gare de chemins de fer, un marché aux bestiaux, d'importantes tanneries ainsi que de nombreuses industries. Le déclin de ces activités dans les années 60 entraîna la fermeture de bon nombre de ces sites, transformant le quartier en une grande friche industrielle. Ce n'est qu'il y a une dizaine d'années, sous l'impulsion de la ville, que le site est redevenu une vitrine industrielle, accueillant depuis quantité d'entreprises de pointe.

Le restaurant créé par Paul Bocuse il y a maintenant trois ans dialogue habilement avec le nouvel environnement : incrustés sur deux niveaux dans un bâtiment aux allures de cloître contemporain, de vastes espaces ponctués de colonnes, des écrans géants, des meubles design en bois ou en acier, des lampes telles des soucoupes volantes posant leur spectre lumineux sur les dîneurs ont depuis investi les lieux. Verts, jaunes, rouges, bleus, les éclairages savemment distillés sur le bar et les sièges apportent une notc de chaleur à l'ensemble.

L'agréable terrrasse en teck permet d'apprécier la douceur des déjeuners et dîners aux saveurs des îles le long du fleuve.

L'Ouest
1, Quai du Commerce
04 37 64 64 64

POULET DE BRESSE AUX EPICES DE CEYLAN
pour 4 personnes

Ingrédients

1 poulet de Bresse d'environ 1,8 kg
1 pincée de piment rouge
1 cuillère à café de curcuma
1 cuillère à café de gingembre frais
1 cuillère à café de curry
1 pincée de saffran
1 oignon émincé
1 cuillère à café d'ail haché
4 tomates
1 carotte
Coriandre et persil frais haché
25 dl de lait de coco
50 g de poudre de coco
4 cuillères à soupe d'huile d'arachide
40 g de beurre
Sel, poivre

Progression

Découper ou faire découper le poulet en 4 morceaux, le saler, le poivrer, réserver.
Ebouillanter les tomates, les éplucher et les couper en petits dés.
Eplucher et tailler les carottes en gros morceaux.
Dans une cocotte, chauffer l'huile et le beurre puis saisir les morceaux de poulet sur toutes les faces. Ajouter les carottes, oignons, ail, tomate et épices.
Mouiller avec le lait de coco, porter à ébullition et laisser mijoter à couvert 35 mn à feu doux.
Retirer les morceaux et réserver au chaud. Faire réduire la sauce si nécessaire.
Dresser le poulet. Arroser du jus de cuisson et agrémenter de poudre de coco, de coriandre et de persil frais.
Servir accompagné d'un riz basmati cuit nature.

CALUIRE

LA TERRASSE SAINT-CLAIR

Sur fond de guinguette et de parties de boules, ce sympathique bistrot du quartier de Saint-Clair ressuscite un pan de l'histoire de ce petit bout de ville jadis bien populaire.

Le Clos Jouve, longue place à ciel ouvert longeant le Boulevard de la Croix Rousse, accueillait il y a un siècle et demi les nombreux joueurs de boule de la ville. Quelques buvettes d'anisette, un terrain plat et la proximité du Rhône en faisait alors un lieu privilégié pour d'interminables parties passionnées. Fanny Dubriand, jeune ingénue lyonnaise à la moralité légère, offrait alors aux joueurs qui le souhaitaient – moyennant un petit cadeau – le spectacle éclair et éclairé de ses parties les plus intimes.

LES BOULES

- 6 -
Un point difficile à placer.

La pratique devint règle, et il fut dorénavant convenu que lorsque le compteur du perdant restait à zéro, la Fanny lui offrait, moyennant un gros sou, l'aimable et fugace vision de son séant.

Le quartier, délaissé quelque temps, a ressuscité grâce à une importante politique de réaménagements initiée par la ville permettant notamment à la Terrasse Saint-Clair de voir le jour.

Un long et sinueux comptoir de bois sombre, vestige du siècle passé, trône au milieu d'une vaste pièce entièrement dédiée à la Fanny et à la prolifique science de la boule : peintures et bas-reliefs dénudés rappellent avec humour les frasques de l'extravagante et de ses suivantes, tandis que vieilles assiettes et sculptures en bois ou en bronze sont là pour rappeler à ceux qui les auraient oubliés les meilleures postures à adopter pour tirer ou pointer le cochonnet.

La Terrasse Saint Clair
2, rue Saint Clair
04 72 27 37 37

COUTEAUX EN PERSILLADE
pour 4 personnes

Ingrédients

12 couteaux
150 g de beurre mou
le jus d'un citron
20 g de poudre d'amandes
1 œuf
1/2 botte de persil frisé
100 g de chapelure
Sel, poivre du moulin

Progression

Ouvrir les couteaux à l'aide d'un petit couteau d'office. Retirer toute leur chair et retirer la partie noire sableuse. Laver la chair ainsi que les coquilles.
Couper la chair en 4 tronçons et la replacer dans les coquilles. Hacher finement le persil.
Travailler le beurre en pommade. Y incorporer le jus de citron, la poudre d'amandes, l'œuf, le persil haché et la chapelure. Saler, poivrer, mélanger et remplir les couteaux de ce beurre composé.
Faire gratiner les couteaux sous le gril du four, servir chaud.

ANNEXES

Index des Recettes

Entrées

Plats
Poissons et crustacés

Quenelles de Brochet au Coulis de Crustacés *Brasserie Georges*	89
Fonds d'Artichaut au Foie Gras, langoustines Rôties, Fondus d'Echalotes au Cerfeuil et au Vinaigre Balsamique *La Tour Rose*	201
Brochettes de Lotte au Parmesan et sa Concassée de Tomates au Basilic *Le Cintra*	109
Salade de Crevettes Exotique *Chez Moss*	105
Raviolis de Homard aux Morilles et Champignons *Le Théodore*	227
Filet de Sandre Rôti, Jus de Crustacés au Noilly, , Haricots Tarbais à la Couenne de Cochon *Le Passage*	59
Pavé de Cabillaud au Jus d'Orange et Origan Frais sur Légumes Divers *Le Canut et les Gones*	163

Viandes

Jambonnette de Lapin au Basilic *La Voûte - Chez Léa*	147
Tomates Farcies aux Escargots et Pâtes Fraiches au Basilic *Le Comptoir du bœuf*	187
Rognons de Veau Gaston Brazier *La Mère Brazier*	53
Poulet à l'Ail *Le Casse-Museau*	13
Clafoutis au Poulet *Le Salers*	143
Poularde de Bresse Truffée et Pochée Entière Genre Demi-deuil Légumes Pochés, Sauce Suprême Liée au Foie Gras *Léon de Lyon*	41
Volaille de Bresse au Vinaigre de Vin Vieux *La Maison Villemanzy*	47
Poulet de Bresse aux Epices de Ceylan *L'Ouest*	241
Emincé de Poire de Bœuf Sauce Saint Marcelin *Brasserie des Brotteaux*	209
Tablier de Sapeur *Chez Georges*	17
Carré d'Agneau au Jus de Foin *La Gargotte*	33
Tarte Fine au Jésus et Oignons Rouges, Sauce Saint-Marcellin *La Mère Jean*	133

Céréales

Desserts

Les Editions Ereme remercient toutes celles et ceux – gérants, directeurs, chefs, responsables de la communication des établissements présentés – qui nous ont ouvert leurs portes et nous ont permis de réaliser cet ouvrage dans les meilleurs conditions possibles.

Nous remercions bien entendu chaleureusement les auteurs du livre,
Benjamin Carniaux et Frédéric Evesque pour leur beau travail photographique,
Clémentine Forissier pour sa sympathique plume, Hélène Durand-Lassalle

Nous exprimons enfin notre gratitude à :

Patrice Forest, Cyril Sauzay, Emma Bester, Morgane Marchand, Chantal Leroy

Idée, développement et suivi éditorial : Matthieu Flory
Photographies : Benjamin Carniaux, Frédéric Evesque
Textes : Matthieu Flory, Clémentine Forissier
Mise en page : Matthieu Flory
Retouches photographiques : Benjamin Carniaux, Frédéric Evesque
Photogravure : GCS, Montreuil
Impression : Tallers Grafics Soler, Barcelona, Espagne

Recettes
p. 41, 47, 65, 77, 119, 153, 249 tirées du livre *Léon de Lyon*, Glénat, 2004
p. 221-241 tirées du livre *Brasseries Bocuse*, Glénat, 2005
p. 99, 133 tirées du livre *Les Halles de Lyon*, Stéphane Bachès, 2005

Editions ereme
9, avenue de l'Observatoire – 75006 Paris
editions.ereme@wanadoo.fr